W0031040

hämmern sägen schrauben

Eva Hauck   Claudia Huboi

hämmern sägen schrauben
Das Werkbuch für Kinder

Haupt Verlag

Bern Stuttgart Wien

IMPRESSUM

Projekte und Texte: Claudia Huboi und Eva Hauck
Zeichnungen: Susanne Nöllgen und Claudia Huboi
Fotos: Uli Staiger/die licht gestalten, Berlin
Styling: Claudia Huboi
Layout: Susanne Nöllgen/GrafikBüro, Berlin

Bibliografische Information der Deutschen
Nationalbibliothek:
Die Deutsche Nationalbibliothek verzeichnet diese
Publikation in der Deutschen Nationalbibliografie;
detaillierte bibliografische Daten sind im Internet
über http://dnb.d-nb.de abrufbar.

ISBN 978-3-258-60037-6

Alle Rechte vorbehalten
Copyright © 2011 by Haupt Berne
Jede Art der Vervielfältigung ohne Genehmigung
des Verlages ist unzulässig

Wünschen Sie regelmäßig Informationen über
unsere neuen Titel zum Gestalten? Möchten Sie
uns zu einem Buch ein Feedback geben? Haben Sie
Anregungen für unser Programm? Dann besuchen
Sie uns im Internet auf www.haupt.ch. Dort finden
Sie aktuelle Informationen zu unseren Neuerschei-
nungen und können unseren Newsletter abonnieren.

www.haupt.ch

Danksagung
Die Autorinnen danken Elena, Fabian, Fritz, Hugo,
Jasper, Johannes, Kasper, Katharina, Lena, Lisa, Max,
Meret, Milena, Nik, Rasmus, Severin, Timo und Zoe
für ihre Mitarbeit an diesem Buch.

Darüber hinaus danke ich aus ganzem Herzen
Patrick, Pit, Marida und Klaus. Für alles. Und natür-
lich Susanne N., Ewa K. und Petra H. Danke.
C.

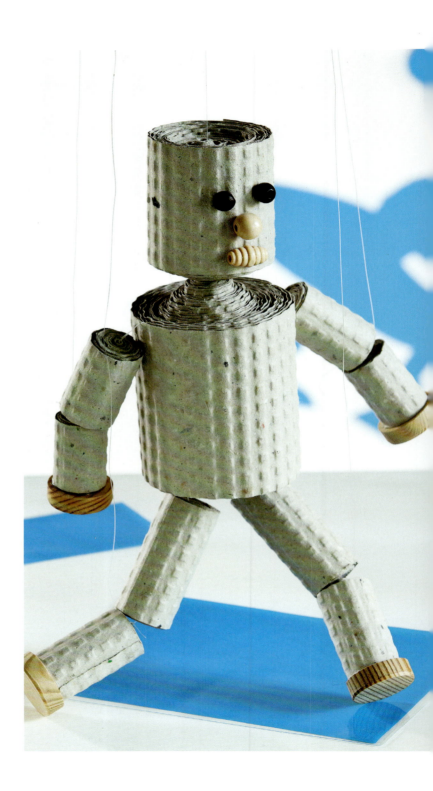

INHALT

tüfteln

entdecken

staunen

erfinden

kapieren

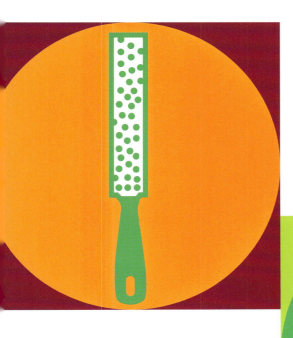

ändern

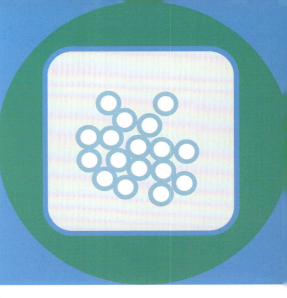

testen

überraschen

spielen

VIEL
SPASS
DABEI

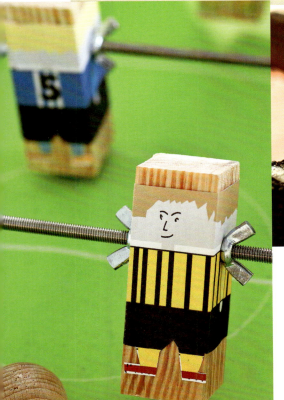

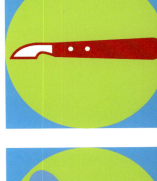

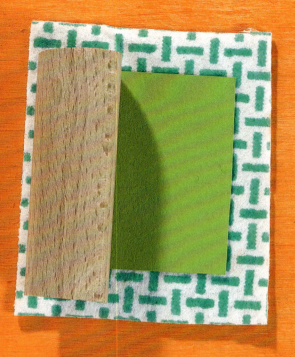
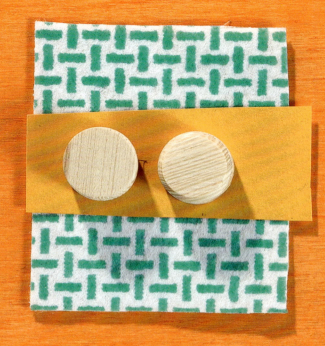

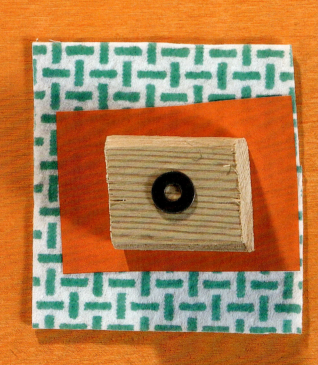

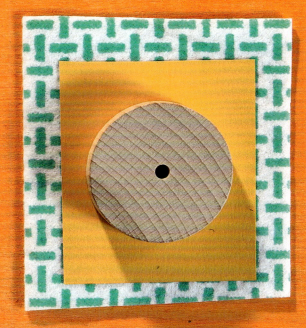

HOLZ

Holz wächst ringförmig, von innen nach außen. Das zeigen die Jahresringe, die du bei Baumscheiben entdecken kannst. Im Kern liegt das Mark, ganz außen die Rinde. Das Kernholz liegt weiter im Inneren, das Splintholz dicht unter der Rinde. Seinem Alter entsprechend ist das Kernholz dichter und trockener als das großporige, jüngere Splintholz.

Je nach Baumart unterscheidet sich Holz in Farbe, Härte, Maserung und Bearbeitbarkeit. So ist zum Beispiel Ahorn sehr hart im Unterschied zu Pappelholz.

Naturhölzer wie Äste, Schwemmholz oder Baumscheiben kannst du gut zum Schnitzen verwenden. Zum Werken brauchst du außerdem Holzplatten, in der Regel Sperrholz oder MDF.

Sperrholz besteht aus mehreren gegeneinander versetzt verleimten Holzplatten. Gebräuchlich sind Pappel und Birke. MDF (mitteldichte Faserplatte) besteht aus zusammengepressten Nadelholzfasern. Es ist recht preisgünstig und wegen seiner hohen Dichte vergleichsweise schwer. Balsaholz hingegen ist sehr leicht und eignet sich gut für den Modellbau. Der Balsabaum wächst bis zu 30 m hoch, am liebsten in Mittel- und Südamerika.

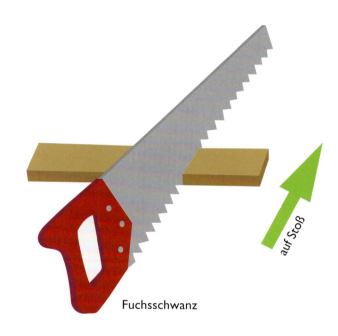

auf Stoß

Fuchsschwanz

Hier siehst du die wichtigsten Sägearten. Den Fuchsschwanz brauchst du zum Sägen dickerer Bretter und Vierkanthölzer, sein Sägeblatt ist etwas gröber. Gesägt wird auf Stoß, also in der Bewegung, die vom Körper wegführt.

TIPP

Rechteckige Platten lässt du am einfachsten nach deinen Maßen im Baumarkt zusägen. So bekommst du exakte Zuschnitte.

SÄGEN, HÄMMERN, LEIMEN

Mit der Feinsäge sägst du Leisten und dünnere Bretter zu. Neben der klassischen Feinsäge gibt es die japanische Säge. Sie hat ein ganz feines Sägeblatt und ein entsprechend sauberes Sägebild. Du sägst mit ihr auf Zug, also in der Bewegung, die zum Körper hinführt.

Bügelsäge

Eine Bügelsäge brauchst du zum Werken eher selten. Aber mit ihr kannst du Äste und Bäumchen sägen. Für den Fall der Fälle ...

Feinsäge

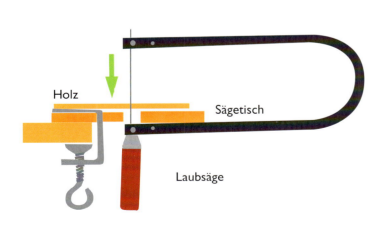

Holz

Sägetisch

Laubsäge

Mit der Laubsäge sägst du dünne Bretter bis zu 1 cm Dicke. Und du kannst mit ihr Rundungen, Schwünge oder Öffnungen aussägen. Das Sägeblatt wird zwischen die beiden Schrauben des Eisenbügels straff gespannt. Achte beim Einspannen darauf, dass die Zähnchen zum Griff gerichtet sind. Sie zeigen also während des Sägens nach unten. Kleinere Werkstücke werden mit einer Schraubzwinge auf dem Sägetischchen befestigt, das Sägeblatt steht beim Sägen senkrecht zur Holzfläche.

HOLZ

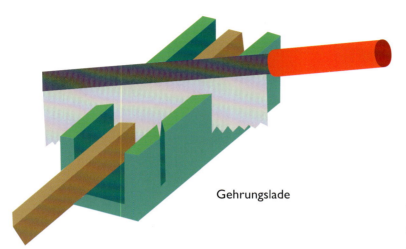

Gehrungslade

Das ist eine Gehrungslade. Die Leiste oder das Vierkantholz legst du in die Lade, die Feinsäge führst du durch die Schlitze und erhältst so 45°-Winkel. Das nennt man auf Gehrung sägen. Die Gehrungslade wird mit einer Schraubzwinge am Arbeitstisch befestigt, das Holz presst du beim Sägen gegen die hintere Kante.

Nach dem Sägen kommt das Glätten aller säge-rauen Kanten und Oberflächen. Dafür verwendest du Schleifpapier mit unterschiedlich rauen Oberflächen. Das kommt durch die Körnung: Je höher die Ziffer, desto feiner das Schleifpapier. Schleifpapier mit 180er-Körnung ist also feiner als Papier mit 60er-Körnung. Darüber hinaus gibt es Holzfeilen in verschiedenen Formen, zum Beispiel dreieckige, flache, runde oder geschwungene.

Mit Nägeln lassen sich Holzstücke einfach verbinden. Damit du Nägel nicht unfreiwillig schief einschlägst oder verbiegst, hältst du sie zu Beginn mit zwei Fingern der anderen Hand fest. Nägel gibt es in verschiedenen Längen, Dicken und mit unterschiedlich gro-ßen Köpfen. Achte darauf, nicht zu nahe am Rand zu hämmern. Sonst kann sich das Holz spalten. Zum Üben nimmst du Holzreste und schlägst Nägel in verschiedenen Längen und Stärken ein.

SÄGEN, HÄMMERN, LEIMEN

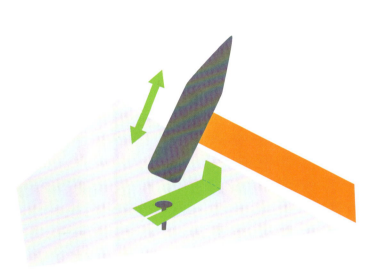

Auch Leim sorgt für einfache Holzverbindungen. Besonders praktisch ist Express-Holzleim, der schon nach wenigen Minuten fest wird. Wichtig ist, dass du die Holzstücke beim Leimen fest aufeinanderdrückst und den Druck eine Weile hältst. Schraubzwingen helfen dabei. Du kannst auch Bücher zum Beschweren auflegen. Um zwei Holzplatten rechtwinklig zu verleimen, gehst du am besten so vor: Die senkrecht stehende Platte richtest du bündig an der waagerecht liegenden Platte aus. Von innen legst du ein Winkellineal an, um einen 90°-Winkel zu erhalten.

Bei kleinen, dünnen Nägeln hilft ein Trick: Du schneidest einen Karton-streifen zum Halten – wie, erkennst du auf der Zeichnung. Du kannst auch mit einem Handbohrer erst einmal ein kleines Loch vorbohren (siehe Seite 45).

Druck

Winkellineal

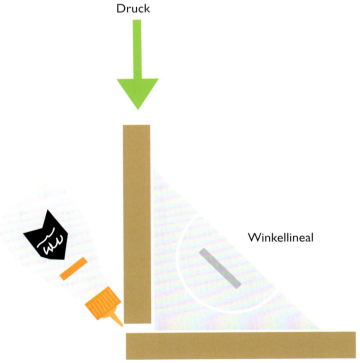

PIRATENSCHIFF

MATERIAL

Kokosnuss, Pappe, Papier, Garnrest, Holzspieß,
Holzkugel, Knete, Schere, Handbohrer, Fuchsschwanz, Heißkleber, Messer, Farbe und Pinsel,
schwarzer Filzstift

Hast du schon mal eine Kokosnuss „geknackt"?
An einer Seite der Kokosnuss findest du drei
kleine, kreisförmige Stellen. Hier ist die Nuss
besonders weich und du kannst sie leicht mit
dem Handbohrer anbohren und die Kokosmilch
ablaufen lassen. Sammle sie in einem Glas –
Kokosmilch schmeckt lecker.

Dann sägst du die Nuss hälftig auseinander.
Für dein Schiff brauchst du nur die Hälfte ohne
Loch. Mit einem scharfen Messer löst du das
Kokosfleisch aus der Schale. Anschließend säu-
berst du die Schale unter fließendem Wasser.
Aus der Pappe schneidest du eine runde Form
mit einem Durchmesser, der dem der Kokos-
hälfte entspricht. Dort, wo der Mast stehen soll,
spießt du den Holzspieß durch die Pappe. Mit
etwas Knete, die du fest an der Innenwand der
Kokosnuss andrückst, schaffst du ein stabiles

◀ Piratenschiff
Max, 12 Jahre

„Fundament" für den Mast. Die runde Pappe
drückst du als Planken des Schiffsdecks in die
Kokosnusshälfte.

Aus einem rechteckigen Stück Pappe formst
du ein Kanonenrohr. Die Rückseite des Rohrs
verstopfst du mit einer Holzkugel. Als Lunte
verwendest du ein Stück rotes Garn. Komman-
dobrücke und Halterung für die Kanone schneidest du ebenfalls aus Pappe aus und klebst
beides mit Heißkleber am Rand der Kokosnuss
fest. Nun fehlen nur noch die Segel und die
Piratenflagge. Du schneidest sie aus Papier aus
und klebst sie an den Mast. Natürlich erst, nachdem du die Flagge mit einem Totenkopf bemalt
hast. Die Kanone bemalst du mit grauer Farbe.

17

KATAMARAN

MATERIAL
Balsaholz
6 kleine, gelochte Holzdübel
Rundholz
Stoffrest, Garnrest
Textilkleber
Feinsäge, Holzleim
Akkubohrer
Schleifpapier

Aus Balsaholz sägst du zwei Kufen zu und schleifst sie in Form. Du verbindest sie durch drei halbierte Rundholzstücke. Dafür fräst du mit dem Bohrer halbkreisförmige Rinnen in die Kufen. Du passt die in Hälften zersägten Rundhölzer ein und leimst sie fest.

In eine Balsaholzplatte bohrst du auf zwei Seiten je drei Löcher. Die drei halbierten Rundhölzer bohrst du ebenfalls an und leimst die kleinen Holzdübel ein. Du setzt die Platte auf, indem du die Dübel durch die Löcher in der Platte führst.

Eine kleinere quadratische Balsaplatte schleifst du an allen vier Seiten so ab, dass sich Schrägen ergeben (siehe Foto). Du bohrst mittig ein Loch und leimst das Rundholz für den Mast ein. Dann verleimst du die kleinere Platte mit der größeren.

Aus dem Stoffrest schneidest du ein Segel zu. Klappe die lange Seitenkante um und klebe sie so mit Textilkleber fest, dass sich ein Tunnel bildet, den du über den Mast ziehen kannst.

Wenn du ein Stück Garn durch die Löcher in den kleinen Holzdübeln fädelst, sieht das aus wie eine Reling.

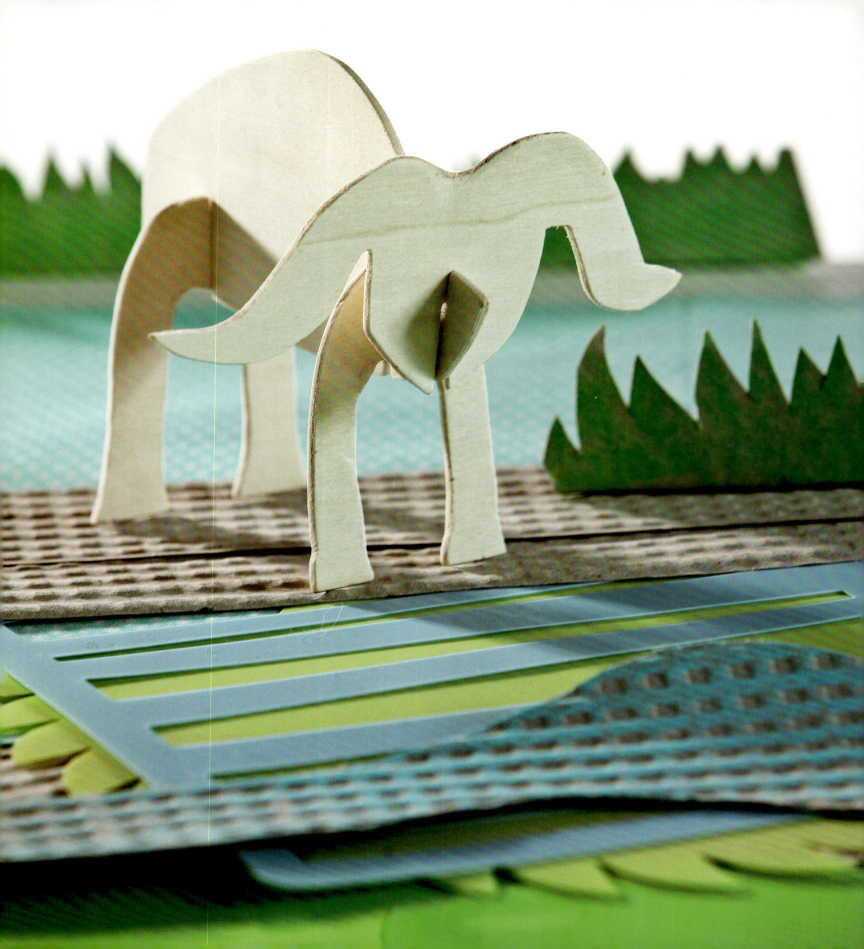

WASSERBÜFFEL

MATERIAL

Sperrholz, 3 mm stark
Papier
Bleistift
Laubsäge
Schleifpapier
Schraubzwinge

Am besten zeichnest du deine Figur auf Papier vor. Körper und Beine sind jeweils separate Teile und bei diesem Wasserbüffel ist auch der Kopf ein einzelnes Teil. An den Verbindungsstellen muss jedes Teil mit einer Kerbe versehen werden.

TIPP

Wenn du es lieber bunt magst, kannst du die fertige Figur bemalen.

Nun überträgst du deine Vorlage auf das Holz. Du befestigst das Holz mit der Schraubzwinge an deiner Arbeitsfläche und sägst mit der Laubsäge entlang den Konturen. Die Kerben musst du vorsichtig aussägen, damit sie nicht zu breit werden. Wenn du die Sägearbeiten abgeschlossen hast, glättest du alle Kanten mit Schleifpapier. Nun steckst du die Teile zusammen. Sollten sich die Kerben nicht gut ineinanderfügen, musst du an den entsprechenden Stellen nachschleifen.

BAUKLÖTZE

MATERIAL
langes Vierkantholz, 3,5 x 3,5 cm
Feinsäge/Fuchsschwanz
Gehrungslade
Schraubzwingen
Schleifpapier und Schleifklotz

Als Bauklötze eignen sich Quader in verschiedenen Größen. Du kannst auch zwei Seiten abschrägen, um die Dreiecksformen für die Dächer herzustellen.

Am einfachsten geht das Zusägen mit der Gehrungslade. Du befestigst die Gehrungslade mit Schraubzwingen an deiner Arbeitsfläche. Dann legst du das Vierkantholz ein und sägst entlang den Kerben der Lade – entweder machst du bis zur Mitte der Oberkante von beiden Seiten einen diagonalen Schnitt, um ein Dachklötzchen herzustellen, oder du sägst das Vierkantholz gerade durch. So entstehen die Quader in verschiedenen Größen.

Ganz wichtig ist, dass du die Klötze anschließend gut abschleifst. Alle Seiten sollen sich superglatt anfühlen. Mit den fertigen Klötzen kannst du Häuser und Türme bauen. Vielleicht entsteht sogar eine kleine Stadt, wenn viele Kinder mitmachen.

LOK

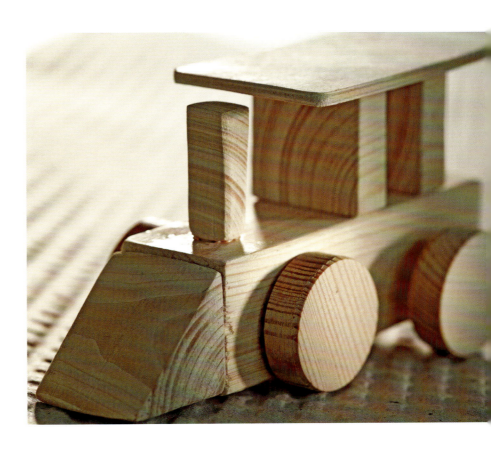

MATERIAL

Vierkantholz, 3,5 x 3,5 cm

4 runde Holzscheiben

Holzleistenreste für Führerhaus
und Schornstein

Sperrholz, 3 mm stark, 5 x 8 cm

2 lange Nägel

Kneifzange, Metallfeile

Hammer

Holzleim

Die Lok besteht aus einem größeren rechteckigen Quader, einem Dreieckhölzchen als
Kuhfänger (vorne) sowie zwei quadratischen
Sägereststücken und einer Platte für das Führerhaus. Die Klötzchen stellst du her, wie auf
Seite 22 beschrieben. Dann leimst du alle Teile
zusammen. Du kannst dich dabei am Foto links
orientieren. Vergiss nicht, ein kleines Holz als
Schornstein aufzuleimen.

Als Räder verwendest du vier runde Holzscheiben, die es im Baumarkt zu kaufen gibt.
Zunächst durchbohrst du den großen Quader an zwei Stellen in der unteren Hälfte. Du
schiebst je einen langen Nagel durch die Löcher
und setzt eine Holzscheibe auf die Nagelspitze.
Dann knipst du den Nagelkopf auf der anderen
Seite jeweils mit der Zange ab und feilst das
Ende zur Spitze. Auf diese Nagelspitze setzt du
ebenfalls je eine Holzscheibe auf und treibst
den Nagel in die Scheiben, indem du mit dem
Hammer von der anderen Seite vorsichtig gegen die Holzscheibe schlägst.

HOLZ
SÄGEN, HÄMMERN, LEIMEN

BILDERRAHMEN

MATERIAL

Holzleiste, 5 mm stark, 3 cm breit
Pappe
Holzleim
Klebeband
Gehrungslade
Feinsäge
Schraubzwingen

Mithilfe der Gehrungslade kannst du dir Rahmen für deine Bilder zusägen. Du legst die Leiste in die Lade und sägst entlang der diagonalen Kerbe „auf Gehrung", das heißt in einem Winkel von 45°. Auf diese Weise sägst du zweimal zwei Rahmenleisten zu, die an beiden Enden diagonal abgeschrägt sind. Die Rahmenleisten hier sind 18,5 cm und 16,5 cm lang.

Die diagonalen Enden lassen sich so zusammenschieben, dass sich ein Rahmen ergibt. Du bestreichst die schrägen Kanten mit Holzleim und hältst je zwei Teile mit Schraubzwingen in Position, bis der Leim getrocknet ist. So verbindest du nacheinander alle vier Leisten.

Dann legst du dein Bild in den Rahmen ein und hinterklebst das Ganze mit einem Stück Pappe in passender Größe.

Bilderrahmen ▶
Lena, 8 Jahre

PUPPENHAUS

MATERIAL

12 Sperrholzplatten, 4 mm stark, 15 x 15 cm
4 Sperrholzplatten, 4 mm stark, 20 x 15 cm
Sperrholzplatte, 4 mm stark, 35 x 15 cm
Sperrholzreste, Holzleistenreste
Holzdübel, verschiedene Größen
runde Holzscheiben, verschiedene Größen
(Baumarkt), Holzhalbkugeln (Hobbyladen)
Rundhölzchen, Zahnstocher, bunte Papiere
Draht, Stoffreste, Feinsäge, Laubsäge
Schere, Ahle, Farbe und Pinsel
Holzleim, Klebestift

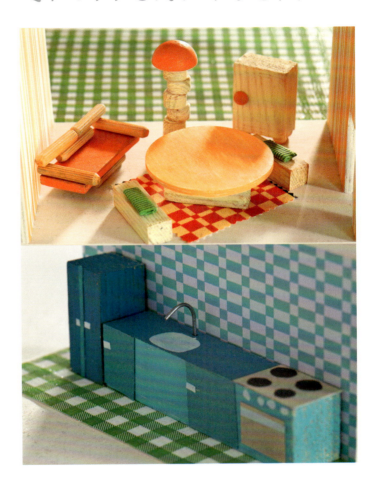

Das Puppenhaus ist von beiden Seiten bespielbar: Es besteht aus zwei Würfeln mit den Maßen 15 x 15 x 15 cm. Und aus zwei Quadern von 20 x 15 x 15 cm. Die Terrasse hat die Maße 35 x 15 cm; die Holzplatten kannst du dir im Baumarkt zusägen lassen. Bevor du die Räume zusammenleimst, sägst du mit der Laubsäge die Türausschnitte aus, einen pro Raum. Die Räume kannst du beliebig aufeinander- oder umstapeln, aus bunten Papieren klebst du Tapeten ein. Für die Möbel brauchst du: jede Menge Reste von Holzleisten und Sperrholzplatten, Rund-

hölzchen, Holzscheiben, Holzdübel, Holzhalbkugeln, Stoffreste, Farben, Leim, bunte Papierchen, Draht, Zahnstocher... Auf den folgenden Seiten siehst du, wie sich aus diesen einfachen Zutaten Möbel bauen lassen – Schränke, Betten, Tische, Küchenzeile, Sonnenschirm und alles, was dir einfällt.

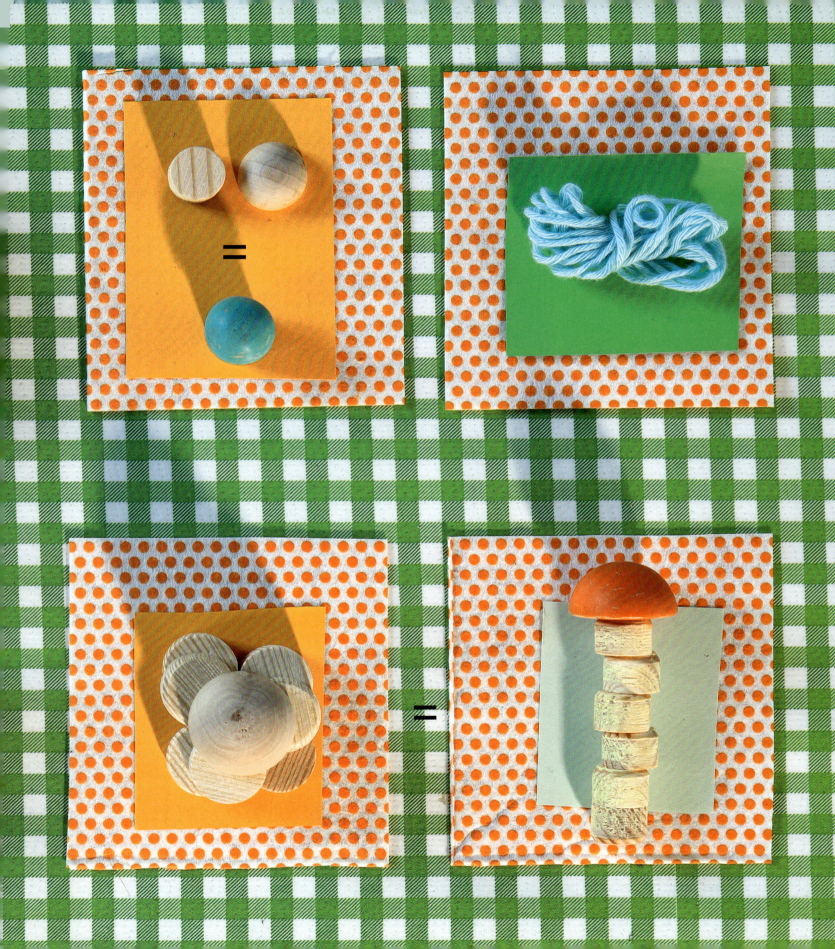

STACHELSCHWEIN

MATERIAL
Vierkantholz, ca. 4 cm stark, 6 x 16 cm
Nägel
Schleifpapier und Schleifklotz
Schnitzmesser
Dreikantfeile

Um das Holz in Stachelschweinform zu bringen, musst du es lange mit Schnitzmesser und
Schleifpapier bearbeiten. Alle Kanten sollen
abgerundet werden. Mit den Vorarbeiten bist
du fertig, wenn der Stachelschweinkörper so
schön glatt ist, dass man mit den Händen immer
wieder drüberstreichen möchte.

Nun schlägst du dicht nebeneinander unzählige
Nägel ein. Du kannst sie ganz gerade einschla-
gen oder auch schräg setzen. Dort, wo der Kopf
des Stachelschweins sein soll, schlägst du keine
Nägel ein. Mit der Dreikantfeile kannst du zum
Schluss auf beiden Seiten des Kopfes Kerben als
Augen anbringen.

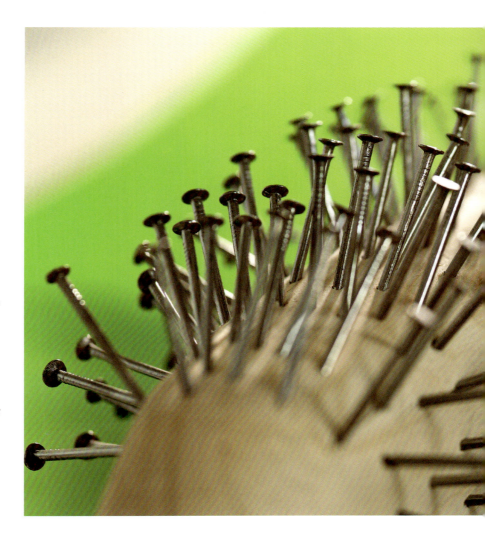

HOLZ

Zum Schnitzen brauchst du ein scharfes Messer. Das kann ein gutes Taschenmesser sein. Es gibt aber auch spezielle Schnitzmesser oder Kerbschnitzmesser, die sich zum Beispiel für die Schnitzarbeiten auf den Zauberstäben von Seite 38 eignen. Arbeite beim Schnitzen immer vom Körper weg, am besten im Faserverlauf des Holzes.

Schön sieht's aus, wenn du Astholz einkerbst. Du markierst mit dem Messer auf der Rinde die Konturen der gewünschten Muster. Dann schneidest du an diesen Umrisslinien die Rinde bis zum Holz durch.

Anschließend ziehst du die zwischen den Umrisslinien liegenden Rindenteile vorsichtig mit der Hand ab.

Um Holzkloben oder Ähnliches auszustemmen, brauchst du Schnitzeisen oder Stecheisen. Diese können verschiedene Formen haben. Es gibt einfache Stechbeitel, Flacheisen, Hohlbeitel und gekröpfte Eisen.

Schnitzmesser

Stechbeitel   Flacheisen   Hohlbeitel   gekröpftes Eisen

SCHNITZEN

Du spannst deinen Holzblock zwischen die Holzbacken eines Schraubstocks oder befestigst ihn mit Schraubzwingen an dem Arbeitstisch oder einer Werkbank. Dann setzt du das Stecheisen schräg an, hältst es mit einer Hand fest und schlägst mit der anderen Hand mit einem Klopfholz oder Holzhammer auf die Oberseite des Stecheisengriffs. Auf diese Weise schabst du Holzspäne ab und höhlst den Holzblock aus.

Um Figuren und Tiere zu schnitzen, eignet sich Lindenholz am besten. Es ist sehr weich und lässt sich mit dem Messer besonders gut bearbeiten.

Wenn die Bäume im Winter oder Frühjahr beschnitten werden, findest du genügend Abfallholz zum Einkerben. Sehr schöne Kontraste zwischen Rinde und hellem Kernholz entstehen bei der Bearbeitung des jungen Holzes von Hasel, Buche oder Esche.

ZAUBERSTÄBE

MATERIAL
Äste
Schnitz- oder Taschenmesser
Schleifpapier

Mit dem Messer kerbst du die Rinde ein und versiehst den Ast ringsum mit vielen Mustern. Wenn du tief ins Holz schnitzt, tritt die helle Farbe des inneren Holzes zutage. Die Partien, die stehen bleiben, haben einen dunkleren Braunton. Wenn du magst, kannst du ein Ast-ende spitz zuschnitzen.

Zum Schluss schleifst du den Stab vorsichtig mit Schleifpapier. Du darfst nicht zu doll schleifen, sonst geht die Musterung verloren.

TIPP

Für die dunklen Stellen kannst du die Rinde entweder komplett stehen lassen (zum Beispiel bei jungem Buchenholz) oder nur die oberste Rindenschicht abziehen (bei älterem Holz). Die darunterliegende Schicht hat ebenfalls einen dunkleren Farbton als der helle Kern.

EINBAUM

MATERIAL
Vierkantholz, 2 cm stark, 20 x 3 cm
2 Holzstäbchen (von Eis am Stiel)
Schnitzmesser
Schleifpapier
Hohlbeitel
Klopfholz
Feile
Schraubstock

Du spannst das Holz fest in den Schraubstock
ein und arbeitest eine tiefe Kehle mithilfe von
Hohlbeitel und Klopfholz. Ist die Innenfläche
tief genug ausgehöhlt, kommen die Außenseiten
dran: Mit einer Feile schrägst du die Enden ab,
damit dein Holzstück das Aussehen eines Boo-
tes bekommt. Danach schleifst du den Einbaum
noch einmal von allen Seiten mit Schleifpapier.

Als Ruder dienen zwei Holzstäbchen, wie sie
für Eis am Stiel verwendet werden. Du bearbeitest sie mit dem Schnitzmesser und lässt sie an
einer Seite schmaler werden. Mit Schleifpapier
machst du letzte Korrekturen und glättest die
Kanten.

HOLZ SCHNITZEN
GRUPPENARBEIT

WECHSEL-WESEN

MATERIAL
Holzleisten
Feinsäge
Schnitz- oder Taschenmesser
Holzfeilen
Schleifpapier

Was passt zu wem? Oder wer zu was? Das ist erst einmal ganz gleich. Jeder schnitzt aus kurzen Holzleisten eine Figur, die sich wiederum aus zwei bis drei Einzelteilen zusammensetzt: Beine/Sockel, Rumpf/Kopf, Kopfbedeckung. Die Formen lassen sich mit dem Messer herausarbeiten, mit Feilen und Schleifpapier kannst du deiner Figur den letzten Schliff verpassen.

Dann beginnt der Ringelpiez: Figur 1 tauscht mit Figur 2 die Beine, Figur 3 mit Figur 2 den Rumpf und Figur 3 mit Figur 1 den Hut. Oder so ähnlich.

Hinz und Kunz ▶
Elena und Johannes,
9 und 14 Jahre

HOLZ

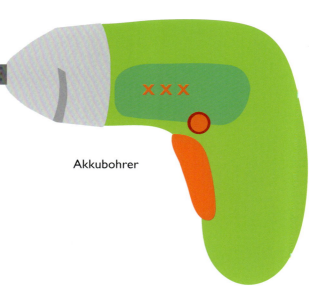

Akkubohrer

Ein Akkubohrer ist praktisch, auch für kleine Hände. Du kannst mit ihm bohren und schrauben. Je nach Drehrichtung lassen sich Schrauben hinein- oder herausdrehen.

Die auswechselbaren Aufsätze sitzen im Bohrfutter. Schraubaufsätze heißen Bits, Bohraufsätze Bohrer. Bohrer gibt es für Holz (spitz) oder Metall (abgeflacht). Fürs Steinbohren eignen sich Akkubohrer im Gegensatz zu Bohrmaschinen nur bedingt.

Wichtig ist, den Akkubohrer immer senkrecht zu halten, egal ob du bohrst oder schraubst. Das Werkstück fixierst du am besten mit einer Schraubzwinge. Gebohrte Löcher glättest du mit einem Stückchen Schleifpapier.

Schrauben ermöglichen sehr haltbare Holzverbindungen. Und: Schrauben kannst du einfach wieder lösen, das ist ein großer Vorteil zu Leim- oder Nagelverbindungen.

Schrauben haben ein Außengewinde, es gibt sie in unterschiedlichen Längen und Dicken. Auch die Schraubenköpfe haben unterschiedliche Formen, hier siehst du eine Holzsenkschraube. Daneben gibt es zum Beispiel Rundkopf- oder Flachkopfschrauben. Manche Schrauben haben eine Einkerbung, das sind Schlitzschrauben. Oder sie haben zwei überkreuzte Einkerbungen, das sind Kreuzschrauben.

BOHREN, SCHRAUBEN

Handbohrer

Das ist ein Hand- oder Nagelbohrer. Mit ihm kannst du ein Löchlein im Holz vorbohren, damit die einzudrehende Schraube von Anfang an gut sitzt und nicht seitlich wegrutscht. Das Gleiche gilt übrigens auch für Nägel.

Durch Unterlegscheiben wird die Schraubkraft auf eine größere Fläche verteilt, damit sich der Schraubenkopf nicht in weiches Material eingräbt.

Muttern sind das Gegenstück zu Schrauben. Mit vollem Namen heißen sie Schraubenmuttern (im Vergleich zu Vaterschrauben) und haben ein Innengewinde. Am häufigsten gibt es Sechskantmuttern, die du mit einem Schraubenschlüssel anziehst und löst.

Daneben gibt es Flügelmuttern, die du bequem mit der Hand festdrehst.

Dübel werden in ein Bohrloch gesteckt. Beim Eindrehen der Schraube spreizt sich der Dübel, wodurch das Ganze im Holz fester sitzt.

Hier siehst du Schraubendreher, im Alltag oft Schraubenzieher genannt. Mit ihm drehst du Schrauben hinein – und wieder heraus. Passend zu den Schrauben gibt es Schlitz- und Kreuzschraubendreher.

Schraubendreher

Bei manchen Modellen in diesem Buch wirst du außerdem Gewindestangen finden. Das sind lange Stangen mit Außengewinde, die du mit einer Metallsäge bequem auf die gebrauchte Länge kürzen kannst.

STIFTEHALTER

MATERIAL

Holzquader aus Lindenholz
Akkubohrer
Holzbohrer, Ø 10 mm
Schleifpapier und Schleifklotz
Rundfeile

Für den Stiftehalter eignet sich Lindenholz, ein sehr weiches Holz, das man vor allem auch zum Schnitzen verwendet. Am besten zeichnest du auf einer breiten Seite des Holzes an, wie du die Löcher für die Stifte verteilen möchtest. Denk dran, dass der Holzbohrer einen Durchmesser von 1 cm hat. Du solltest also genügend Abstand zwischen den Löchern einplanen.

Zum Bohren setzt du den Akkubohrer möglichst gerade von oben an, damit die Stifte später auch gerade in den Löchern stehen. Hast du alle Löcher gebohrt, schleifst du das Holz gründlich von allen Seiten mit Schleifpapier. Um die Innenränder der Löcher glatt zu schleifen, verwendest du eine Rundfeile.

TIPP

Wenn du magst, kannst du den Stiftehalter anschließend farbig lackieren.

KLAPP(ER)SCHLANGE

MATERIAL

Holzleiste, 4,5 cm x 1,7 cm
MDF-Platte, 1 cm stark, 30 x 30 cm
Holzdübel, Ø 6 mm, 30 mm
Feinsäge
Akkubohrer
Schleifpapier
Farbe und Pinsel
Holzleim

Diese Schlange kannst du ausgiebig drehen oder wenden – und anschließend wieder zusammenklappen. Sie besteht aus sieben bis acht aufeinandergesteckten Holzklötzen, die etwa 10 cm lang und 4,5 cm breit sind. Die

Holzklötze sägst du aus einer Holzleiste zu. Für den Schlangenkopf sägst du rechts und links an einem Holzklotz die Ecken ab.

Dann ist Bohrzeit: In jeden Holzklotz bohrst du rechts und links je ein Loch, ungefähr 3 cm vom Rand entfernt.

Nun glättest du die Klötze und Bohrlöcher mit etwas Schleifpapier und streichst die Klötze an. Auf den Kopf klebst du außerdem zwei Holzperlen als Augen. Nach dem Trocknen leimst du in jeden Holzklotz einen Holzdübel.

Als Basis leimst du einen Holzklotz auf die MDF-Platte – und steckst die anderen Holzklötze aufeinander.

Bohrung   Holzdübel

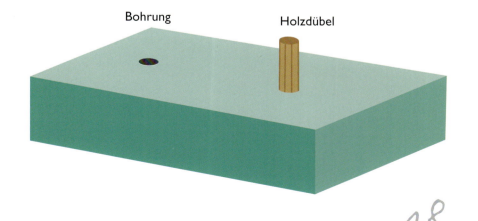

TIPP

Achte darauf, dass die MDF-Platte dick und damit schwer genug ist, um als stabile Grundplatte dienen zu können.

GARTENMOBIL

MATERIAL

MDF-Platte, 1 cm stark, 29 x 40 cm
(Bodenplatte)
2 MDF-Platten, 1 cm stark, 40 x 10 cm
(lange Seitenteile)
2 MDF-Platten, 1 cm stark, 27 x 10 cm
(kurze Seitenteile)
16 kurze Holzschrauben und passende
Unterlegscheiben
4 Gummirollen
Geodreieck
Akkuschrauber
Farbe und Pinsel
Holzleim

Einen Karren mit drehbaren Gummirollen
kann man immer gebrauchen – zum Beispiel als
mobilen Zimmergarten.

Der Karren besteht aus einem Boden und vier
Seitenteilen. Überlege dir als Erstes, welche
Größe dein Wagen haben soll. Die Maße für
das hier zu sehende Exemplar findest du in der
Materialliste.

Das MDF ist in diesem Fall 1 cm stark, woraus
sich die Länge der kurzen Seitenteile ergibt:
• Kurze Seite Bodenplatte – zweimal MDF-
Stärke = Länge der kurzen Seitenteile, also:
• 29 cm – 2 cm = 27 cm

Nach diesem Grundprinzip kannst du die Maße
für deinen Wagen berechnen. Die Platten lässt
du dir am besten im Baumarkt zusägen.

Der Karren wird zusammengeleimt. Zunächst
leimst du ein kurzes und ein langes Seitenteil
bündig auf die Bodenplatte und direkt aneinander. Ein von innen angelegtes Geodreieck hilft,
einen möglichst sauberen 90°-Winkel zu bauen.
Dann leimst du das zweite kurze Seitenteil fest
und zum Schluss das zweite lange Seitenteil.
Den Karren bemalst und verzierst du, wie du
möchtest.

Nach dem Trocknen stellst du den Karren auf
den Kopf. Jetzt kannst du die Rollen mit jeweils
4 Holzschrauben und Unterlegscheiben befestigen. Achte darauf, dass die Schrauben nicht
länger sind, als der Karrenboden dick ist. Sonst
piekst es im Karreninneren.

KLIPP-KLAPP

MATERIAL
Holzleistenreste
6 Scharniere und passende Schrauben
Akkubohrer
Feinsäge
Holzleim
Farbe und Pinsel

Der Rumpf des Tänzers besteht aus einem beweglichen Viereck, sodass er seinen Bauch nach rechts oder links schwingen kann.

Insgesamt brauchst du 15 Leistenstücke: zwei für Kopf und Hals, vier für den Rumpf, vier für die Arme, vier für Beine und Füße, eine als Grundplatte. Beim Rumpf ist wichtig, dass jeweils zwei Leisten gleich lang sind. Die Rumpf-Leisten verbindest du mit passenden Scharnieren. Die jeweils zweigliedrigen Arme werden ebenfalls mit Scharnieren verbunden.

Anschließend leimst du alle Einzelteile zu einer Figur zusammen. Achte darauf, dass sie ihr Gleichgewicht halten kann. Wenn du möchtest, kannst du zum Schluss ein Gesicht aufmalen.

Hüftschwinger ▶
Katharina, 13 Jahre

TISCH-KICKER

MATERIAL

MDF-Platte, I cm stark, 47 x 37 cm
(Grundplatte)
2 Sperrholzplatten, 8 mm stark, 47 x 13 cm
(lange Seitenteile)
2 Sperrholzplatten, 8 mm stark, 35,4 x 13 cm
(kurze Seitenteile)
Rundholz, Ø 2 cm
Holzleiste, 2,5 x 2,5 cm
4 Gewindestangen, M5
12 Flügelmuttern, M5
4 Dübel, M6
2 Zitronennetze
Papier und Stifte
grünes Tonpapier A3
Gewebeband
Akkubohrer
Holzbohrer, Ø 5 mm, Ø 6 mm
Metallsäge
Feinsäge
Laubsäge
Schleifpapier
Klebstoff
Holzleim

Boden

47 cm

37 cm

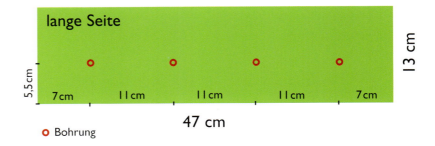

lange Seite

5,5 cm

7 cm   11 cm   11 cm   11 cm   7 cm

47 cm

13 cm

○ Bohrung

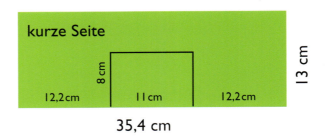

kurze Seite

8 cm

12,2 cm   11 cm   12,2 cm

35,4 cm

13 cm

Die Holzplatten für den Kasten lässt du dir im Baumarkt nach den angegebenen Maßen zusägen. Mit dem 6-mm-Bohrer bohrst du in die langen Seitenteile, wie in der Zeichnung angegeben, jeweils vier Löcher.

In die kurzen Seitenteile sägst du mit der Laubsäge die Tore wie angegeben aus. Jetzt kannst du den Kasten zusammenleimen. Dafür leimst du am besten erst eine kurze und eine lange Seite im rechten Winkel auf die Grundplatte, dann folgt die zweite kurze Seite und schließlich die zweite lange Seite.

In die Tore kommen Zitronenetze, die du auf der Außenseite des Kastens mit Gewebeband festklebst. Aus Tonpapier klebst du den Rasen ein und zeichnest das Fußballfeld auf.

Für die Querstangen sägst du vier Gewindestäbe auf ca. 90 cm zu. Dann sägst du aus dem Rundholz vier Stücke von jeweils 10 cm Länge ab. Das werden die Griffe. In die Griffe bohrst du mit dem 6-mm-Bohrer ein Loch und steckst jeweils einen Dübel fest hinein. Die Griffe werden auf die Querstangen geschraubt.

Jetzt sind die Figuren an der Reihe: Aus der Holzleiste sägst du sechs Stücke von 7,5 cm

Länge zu. Pro Mannschaft gibt es einen Torwart und zwei Stürmer. In die Seiten bohrst du – wie in der Zeichnung zu sehen – die Löcher für die Aufhängung mit dem 5-mm-Bohrer.

Aus Papier schneidest du Banderolen, die jeweils um die Holzklötze passen. Bei den hier angegebenen Maßen ist die Banderole 11 cm lang und etwa 6 cm hoch. Auf die Banderole zeichnest du die Fußballer von vorne, von den Seiten, von hinten ... (Die hier zu sehenden Kicker sind am Computer gezeichnet, du kannst sie aber genauso gut von Hand zeichnen.) Die Banderolen klebst du um die Holzklötze und stichst die Bohrungen vorsichtig nach. Wenn du möchtest, klebst du auf die Innenseite des Kastens bunte Bandenwerbung.

Fehlt noch die Aufstellung: Die Gewindestangen schiebst du so in den Kasten, dass jeder Spieler auf seiner Seite zwei Griffe bedienen kann. Dann schiebst du die Fußballer auf die Querstangen, rechts und links werden sie jeweils durch eine Flügelmutter gehalten. Für das Befestigen der Figuren brauchst du ein wenig Geduld. Achte beim Festschrauben der Figuren darauf, dass sich die Querstangen weit genug herausziehen lassen.

2,5 cm

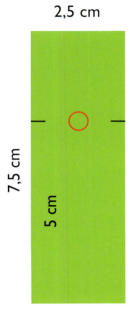

7,5 cm

5 cm

Figur Seitenansicht

TIPP

Damit das Spielen leiser wird,
steckst du in die Bohrungen
der Seitenwände kurze Stücke
einer Aluröhre (Baumarkt), die
du mit der Metallsäge zusägst.
Dann ratschen die Gewindestäbe nicht direkt übers Holz.
In diesem Fall müssen die Löcher in den Seitenwänden einen
entsprechend größeren Durchmesser haben.

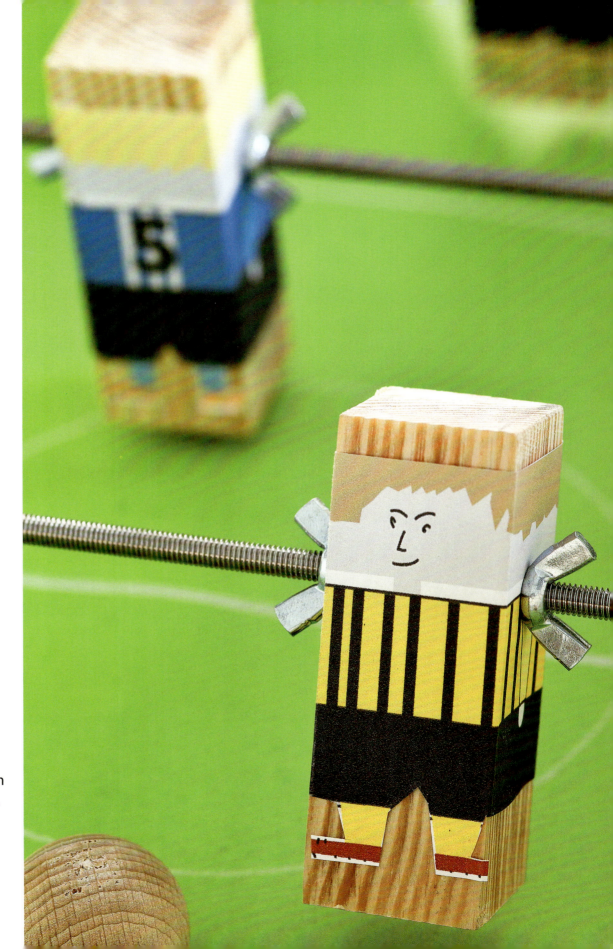

RÄDERWERK

Welle (Holzstäbchen)

Riemenscheibe (2 Holzräder + Holzscheibe)

● Riemenscheiben 1–6

MATERIAL
Holzleisten, Rundhölzchen
runde Holzscheiben (Baumarkt)
gebohrte Holzräder (Hobbyladen)
Kurbel (Inbusschlüssel)
Gummibänder, fester Draht
Schrauböse, Akkubohrer, Holzleim

Hier drehst du an einer Kurbel – und sechs Räder drehen sich mit. Das Ganze nennt sich Riemenantrieb oder Riemengetriebe.

Die Grundbausteine sind: Riemenscheiben (Holzräder), Wellen (Rundhölzchen, auf denen die Räder stecken), Riemen (Gummibänder) und Lager (Bohrung in den Holzleisten), in denen die Wellen stecken und sich drehen können.

Einen möglichen Aufbau zeigen dir Foto und Zeichnung. Für die Riemenscheiben leimst du jeweils eine Holzscheibe zwischen zwei Holzräder. So können die Riemen bequem zwischen den Holzrädern laufen. Wenn du keine Holzscheiben hast, kannst du auch dicke Pappkreise zwischen die Holzräder kleben. Anschließend leimst du in drei der Riemenscheiben ein Holzstäbchen als Welle.

Kurbelzapfen

Pleuel

Kurbelarm

Schubstange

Gelenk

6

Führung

Kurbel

2

1

4

3

6

5

Riemen

Riemen

58

Die gebohrten Holzleisten werden auf eine Grundplatte geleimt, die mit einer Riemenscheibe versehenen Wellen durch die Bohrungen geschoben. Auf die Gegenseite leimst du jeweils die zweite Riemenscheibe. Anschließend spannst du die Gummibänder als Riemen. Werden diese überkreuzt, dreht sich die folgende Riemenscheibe in entgegengesetzter Richtung.

Außerdem siehst du hier einen sogenannten Kurbelschubantrieb, bei dem die kreisförmige in eine horizontale Bewegung umgelenkt wird. Das erkennst du an den Pfeilen in der Zeichnung. Auf die hinterste Riemenscheibe leimst du eine kleine Holzleiste und drehst eine Schraube ein. Das sind Kurbelarm und Kurbelzapfen. Dann formst du aus festem Draht einen Pleuel und eine Schubstange. Die Schubstange hat an einem Ende eine Öse, der Pleuel an beiden Enden. So kannst du den Pleuel mit der einen Öse an den Kurbelzapfen hängen und dank der anderen Öse mit der Schubstange verbinden. Die Schubstange läuft dann in einer Führung.

HOLZ

61

KATAPULT

MATERIAL

Holzleisten, Rundhölzer, Flaschendeckel aus Plastik, Gummiband, Draht, getrocknete Erbsen als Munition, Heißkleber, Messer, Feinsäge, Handbohrer, Seitenschneider

Zunächst baust du ein Gerüst aus Hölzern, die alle in etwa die gleiche Länge von 12 cm haben. Am Boden besteht das Gerüst aus zum Quadrat angeordneten Rundhölzern und Leistenstücken. Dann baust du eine Art Dachstuhl aus vier Hölzern, die zu Dreiecken aufgestellt werden, und einem quer darüberliegenden Rundholz. Du verbindest alle Hölzer mit Heißkleber. Um das Ganze stabiler zu machen, kannst du weitere diagonale Streben anbringen.

Nun kommt das bewegliche Rundholz ins Spiel. An einem Ende befestigst du den Flaschendeckel mit Heißkleber. Das andere Ende durchbohrst du, ebenso wie zwei Leistenstücke, die rechts und links neben dem Rundholz am Boden angebracht werden. Du schiebst ein Stück Draht durch die Löcher und biegst die Drahtenden um. So hast du eine Art Gelenk gebaut. In Höhe des oberen Querbalkens spannst du

ein Gummiband um Gestell und bewegliches Rundholz mit Flaschendeckel.

Wenn du nun das Rundholz mit dem Finger nach unten drückst, setzt du das Gummiband unter Spannung. Lässt du los, schnellt das Band zurück in seine Ausgangsposition. Auf diese Weise kann deine Munition (zum Beispiel getrocknete Erbsen) weit geschleudert werden.

! Benutze dein Katapult nur, wenn niemand in der Nähe ist, der verletzt werden könnte.

◀ Katapult
Max, 12 Jahre

BERGGONDEL

MATERIAL

2 MDF-Platten, I cm stark, 30 x 30 cm
dicke Holzleiste, z. B. 4 x 4 cm
2 Rundhölzchen
4 gebohrte Holzräder (Hobbyladen)
dünne Schnur, Maschendraht
Graupappe, bunte Papiere
Kurbel (Inbusschlüssel), Feinsäge
dünner Draht, Seitenschneider
Akkubohrer, Holzleim

Die MDF-Grundplatten leimst du im rechten Winkel aneinander. Das ist das Grundgerüst. Dann sägst du aus der dicken Holzleiste zwei Gondelstationen zu. Bei dem Modell auf dem Foto haben sie eine Höhe von 6,5 cm. Die Gondeln bewegen sich durch einen Riemenantrieb, mehr dazu erfährst du auf Seite 58. In die Oberseite der Gondelstationen bohrst du ein Loch für die Lager. Die Durchmesser müssen so groß sein, dass sich die als Wellen eingesetzten Rundhölzer bequem drehen können. Aus den Holzrädern und etwas Graupappe fertigst du die Riemenscheiben und leimst sie auf die Rundhölzer. Die Rundhölzer steckst du in die Bohrungen der Gondelstationen. Die Gondelstationen beklebst du wiederum mit bunten Papieren.

Die passende Stelle für die Gondelstationen findest du durch Ausprobieren. Denn das Gefälle darf nicht zu steil sein, damit die Schnur nicht aus den Riemenscheiben rutscht. Die Gondelstationen auf dem Foto sind auf einer Höhe von 22 cm (links) und 9 cm (rechts) festgeleimt. Als Riemen dient eine doppelt gespannte dünne Schnur, deren Enden du fest verknotest.

Aus Maschendraht formst du zwei würfelförmige Gondeln, schließt sie mit dünnem Draht und knotest sie an den Antriebsriemen. Der Knoten sollte nicht zu dick sein, sonst gibt's Kuddelmuddel, wenn die Gondel sich um die Riemenscheiben bewegt.

Zum Schluss klebst du eine Berglandschaft aus Graupappe und bunten Papierchen auf und verzierst die Gondeln.

3-D-Domino

MATERIAL

Holzleistenreste
Schrauben, Muttern, Nägel, Gummibänder,
Papierreste, Unterlegscheiben, Reißzwecken ...
Schraubendreher
Hammer
Rundfeile
Feinsäge
Schleifpapier
Klebstoff

Diese Dominosteine lassen sich nicht nur
waagerecht, sondern auch senkrecht aneinan-
derlegen. Du kannst also mit ihnen auch in
die Höhe bauen.

Zunächst brauchst du längliche Holzklötze in
der gewünschten Anzahl. Die sägst du aus
Holzleisten zu.

Mit einer Rundfeile feilst du anschließend eine
Kerbe in die Mitte der Klötze, um die Spielsteine in zwei Hälften zu unterteilen. Dann glättest du die Holzklötze rundum mit Schleifpapier.

Denke dir aus, wie du die Spielsteine markieren
möchtest – mit Nägeln, unterschiedlich großen
Schrauben, Muttern, Reißzwecken, Unterlegscheiben, aufgeklebten Gummibändern, Papier-
resten ...

SKYLINE

MATERIAL
Holzleistenreste
Sperrholzplattenreste
Draht
Graupappe
Schrauben, Nägel
Kunststofffolie
ein paar Besenborsten
Hammer

Schraubendreher
Ahle
Feinsäge
Schleifpapier
Farbe und Pinsel
Knete
Holzleim

Beste Zweitverwertung: Aus Resten von Holzleisten und Sperrholzplatten kannst du eine moderne Großstadt bauen. Aus abgesägten Holzklötzchen werden Hochhäuser, aus den Holzplatten Treppen. Schrauben und Nägel dienen als Antennen, Fenster und Türen klebst du aus Pappe auf.

Aus Besenborsten und ein paar Kügelchen Knetgummi steckst du Gräserbüschel zusammen und platzierst sie am Teichrand. Bäume aus Pappe oder Draht kannst du ebenfalls in kleine Knetgummihügel stecken. Aus einer Kunststofffolie wird ein Teich.

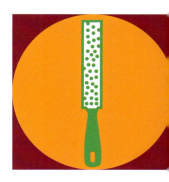

STEIN

Rundfeile

Flachraspel

Feinraspel

Speckstein heißt auch Seifenstein. Es ist ein sehr weicher Stein, der sich leicht bearbeiten lässt. (Auf der Mohsschen Härteskala hat Speckstein den Härtegrad 1, während ein Diamant den Härtegrad 10 hat.) Speckstein gibt es in vielen Farben, von Weiß, Beige und Braun über Hell- und Dunkelgrün bis zu Rosa.

Für Speckstein kannst du viele Werkzeuge einsetzen, die du aus der Holzbearbeitung kennst, wie Stechbeitel, verschiedene Feilen (vor allem eine Rundfeile), Handbohrer und Kerbschnitzmesser. Was du unbedingt brauchst, sind verschiedene Raspeln, zum Beispiel eine flache, große Raspel und eine Feinraspel.

Bevor es losgeht, betrachtest du deinen Speckstein erst einmal genau. Was erkennst du? Woran erinnert dich die Form? Alles liegt bereits im Stein verborgen. Wenn dir klar ist, wie dein Objekt später aussehen soll, beginnst du, mit einer Flach- oder Universalraspel alle nicht gewünschten Formen abzuschleifen und deine Skulptur herauszuarbeiten. Ist der Speckstein sehr klein, kannst du von Anfang an eine Feinraspel einsetzen.

Um Vertiefungen im Speckstein herauszuarbeiten, kannst du auch einen Stechbeitel einsetzen, wie beim Schnitzen auf den Seiten 36/37 erklärt. Sei vorsichtig dabei, denn Speckstein kann schnell reißen.

Einkerbungen, Linien und Ritzungen lassen sich gut mit Feinraspeln und besonders geformten Feilen (beispielsweise Dreikantfeilen) ausführen. Ähnlich hilfreich ist ein Kerbschnitzmesser. Bei der Pistole von Seite 80 kommt sogar eine elektrische Minibohrmaschine zum Einsatz. Wichtig ist, dass diese Bohrmaschine in einem Bohrständer steht, sodass du präzise, senkrechte Bohrungen durch den Stein ausführen kannst.

Wenn die Form in etwa steht, geht es ans Schleifen. Du kannst nass mit Wasser schleifen. Dafür musst du Nassschleifpapier einsetzen. In diesem Buch wurde der Speckstein allerdings nur durch Trockenschleifen bearbeitet. Hierfür brauchst du normales Schleifpapier, wie du es auch zum Holzschleifen verwendest. Am besten beginnst du mit einer 80er-Körnung und beendest die Schleifarbeiten mit einer 180er- oder sogar 240er-Körnung. Ist die Oberfläche rundherum schön glatt und bist du mit der Figur zufrieden, kannst du sie zum Schluss mit Olivenöl oder Lederfett einreiben und mit einem weichen Baumwolllappen polieren.

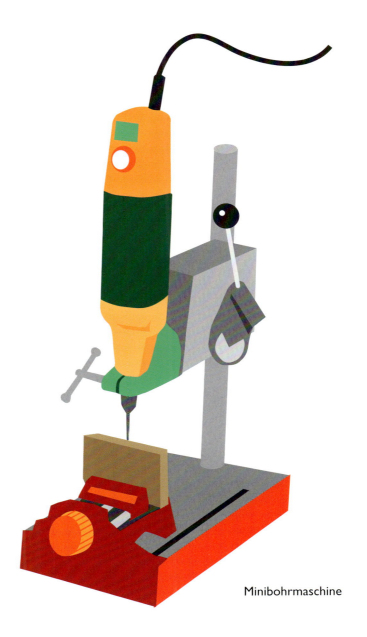

Minibohrmaschine

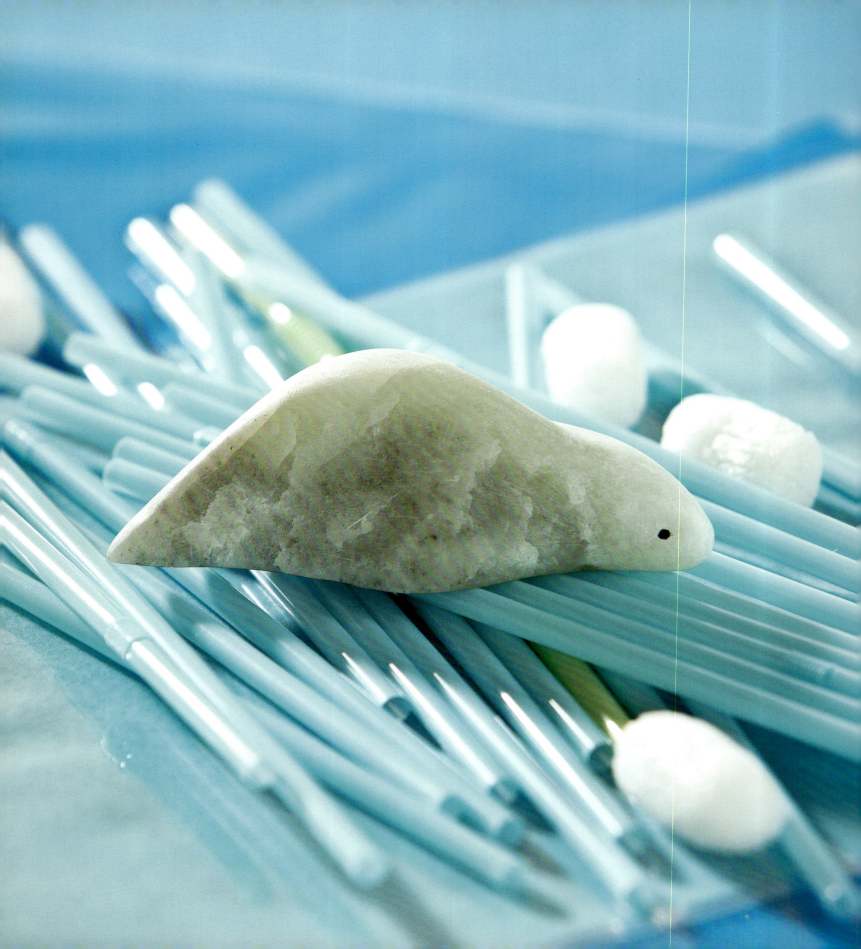

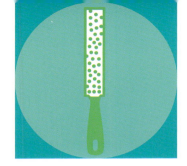

ROBBE

MATERIAL
Speckstein
Raspel
Feile
Dreikantfeile
Schleifpapier und Schleifklotz
schwarzer Filzstift

Die Form der Steine erinnert oft an etwas anderes: Tiere, Menschen, Dinge … Am besten betrachtest du deinen Speckstein erst einmal lange von allen Seiten und überlegst, welche Form in ihm stecken könnte. Hast du dich entschieden, dann gilt es, diese Form – hier eine Robbe – aus dem Stein herauszuholen.

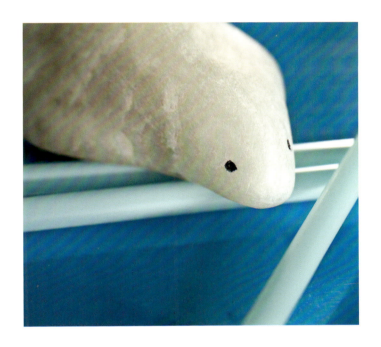

Du bearbeitest den Stein zunächst grob mit Raspel oder Feile. Ist die Form gut erkennbar, glättest du ihn mit Schleifpapier. Es dauert lange, bis der Stein ganz glatt ist. Doch dann fühlt er sich so gut an, dass du ihn immer wieder anfas- sen möchtest. Die Dreikantfeile kannst du zum Schluss einsetzen, um die Augen oder weitere Gesichtspartien herauszuarbeiten. Mit schwar- zem Filzstift lassen sich die Augen zusätzlich betonen.

ANHÄNGER

Speckstein lässt sich auch zu Schmuck verarbeiten. Du kannst zum Beispiel schöne Anhänger herstellen. Denke aber daran, dass der Stein sehr weich ist und auch leicht bricht, wenn er zu dünn ausgeformt wird.

Bi-Scheiben sind Scheiben mit einem Loch in der Mitte, durch das sich ein Lederband ziehen lässt. Für eine solche Scheibe wählst du einen flachen Speckstein. Du setzt den Minibohrer ungefähr in der Mitte des Steins an und bohrst vorsichtig ein Loch. Mit der Rundfeile arbeitest du die Bohrung weiter aus, bis das Loch die richtige Größe hat und gleichmäßig rund ist. Dann bearbeitest du den Stein nur noch mit Schleifpapier. Du schleifst ihn von beiden Seiten, bis es gleichmäßig flach ist. Nun rundest du die Außenkante. Du kannst nach Augenmaß arbeiten oder die Kreisform mithilfe eines Zirkels auf dem Stein anzeichnen und entlang der Kontur schleifen. Wenn du eine kreisrunde Form erzielt hast, ist dein Anhänger fertig.

MATERIAL
Speckstein
Lederband
Rundfeile
Minibohrmaschine mit Bohrständer
Schleifpapier und Schleifklotz
Zirkel

▲ Herz
Zoe, 10 Jahre

TIPP

Kleine, flache Formen wie dieses Herz kannst du mit Zweikomponentenkleber auf einen Ringrohling kleben. Schon hast du einen schönen, selbst gemachten Fingerring.

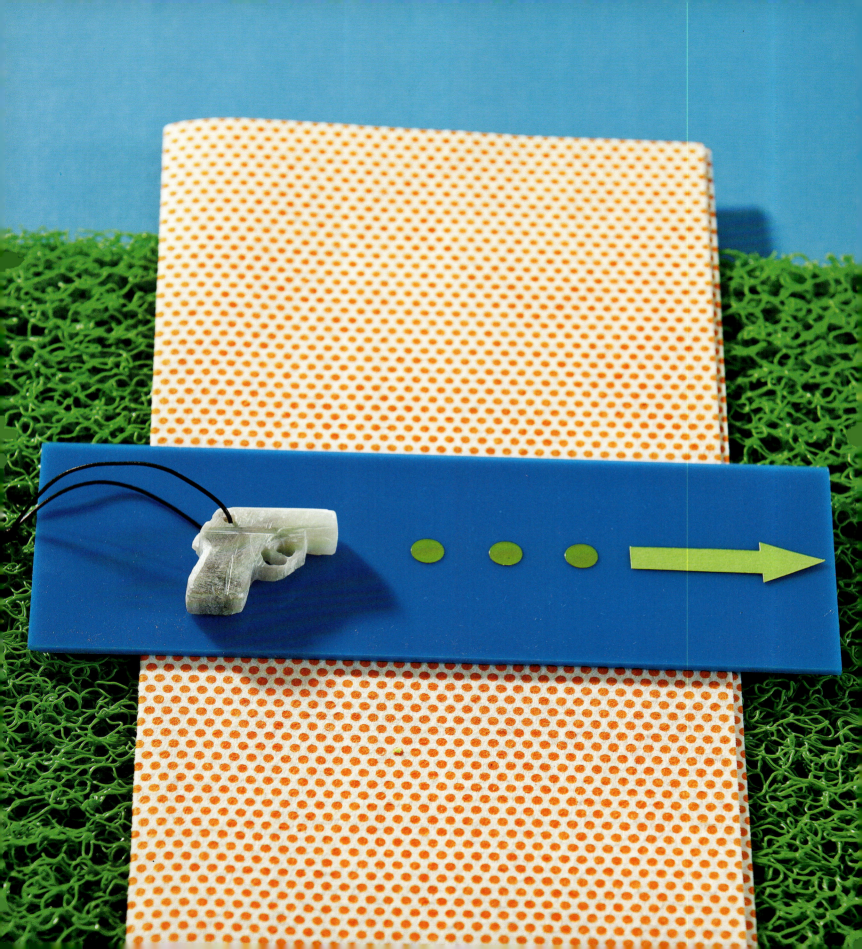

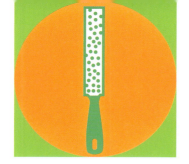

WALTER PPK

MATERIAL
Speckstein
Lederband
Minibohrmaschine mit Bohrständer
Feile

Als Anhänger für ein Band, das du beispielsweise am Gürtel tragen kannst, eignet sich
diese Pistole. Die grobe Form aus Griff und
Pistolenlauf arbeitest du mit der Feile heraus.
Dann legst du deine Pistolenform unter den
Minibohrer und bohrst die Löcher am Abzug
sowie das Loch hinten im Lauf. Hier kannst du
später das Lederband zum Aufhängen durch-
ziehen.

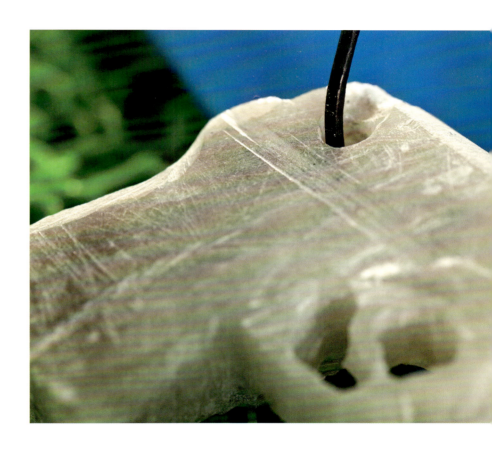

◀ Pistole
Max, 12 Jahre

DICKER FISCH

MATERIAL
gelber Sandstein
Stechbeitel
Holzhammer oder Klopfholz

Wie du sicherlich schnell erkennst, besteht dieser Fisch nicht aus Speckstein, sondern aus gelbem Sandstein. Doch das Vorgehen ist vergleichbar mit der Bearbeitung von Speckstein:

Die Steinform erkunden, schauen, woran sie dich erinnert – und dann den Stein bearbeiten. In diesem Fall mit Stechbeitel und Holzhammer oder Klopfholz.

Fisch Fasch ▶
Kasper, 9 Jahre

STEIN

Betonwerksteine wie die bekannten Ytong-Steine bestehen aus einem mit Dampf gehärteten Gemisch aus Quarzsand, Kalk, Zement, Wasser und etwas Aluminiumpulver. Zur Zeit seiner Erfindung wurde der Stein Gasbeton genannt. Heute spricht man meist von Porenbeton, weil sich im Stein Millionen kleiner Poren bilden. Das geschieht durch das Aluminiumpulver, das als eine Art Treibmittel ähnlich wie Backpulver im Kuchen wirkt.

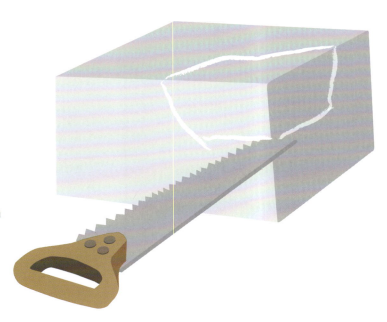

Poren- oder Gasbeton ist ein sehr weiches und leicht zu bearbeitendes Material. Mit Sägen, Feilen, Raspeln und sogar Löffeln kannst du Porenbeton ohne großen Kraftaufwand gestalten. Er sieht sehr schwer aus, hat aber im Vergleich zu anderen Steinen ein geringes Gewicht.

Die Bearbeitung von Porenbeton ist eine sehr staubige Angelegenheit. Deswegen: Alte Kleider anziehen, eine Staubschutzmaske aufsetzen und nach Möglichkeit draußen arbeiten.

Vor dem Sägen kannst du deinen Betonblock unter Wasser halten, um die Staubmenge beim Sägen oder Schneiden in Grenzen zu halten. Beim Feilen oder Raspeln sollte der Porenbeton aber trocken sein. Wenn es zu staubig wird, kannst du den Block zwischendurch mithilfe eines Zerstäubers mit Wasser besprühen.

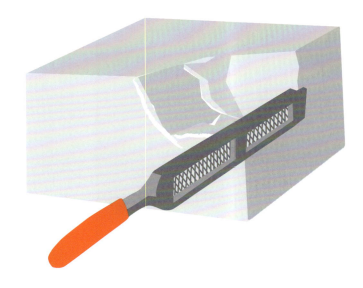

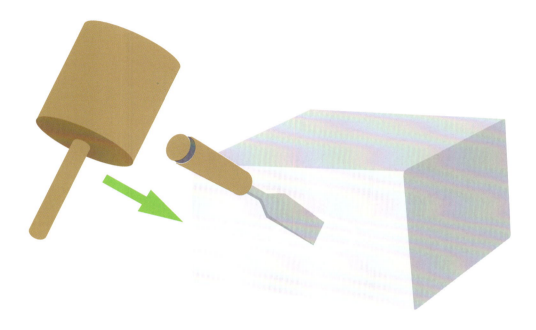

Auf deinem unbearbeiteten Betonblock kannst du mit Kreide die Konturen anzeichnen. Die grobe Form arbeitest du zunächst mit der Säge, später mit der Raspel heraus. Du kannst auch Hammer und Meißel einsetzen, um grobe Formen herauszubilden. Um die Formen zu verfeinern, arbeitest du mit feinen Bildhauerraspeln und verschieden geformten Feilen. Bist du mit deiner Skulptur zufrieden, wäschst du allen Staub unter Wasser ab. Dann lässt du dein Objekt gründlich durchtrocknen.

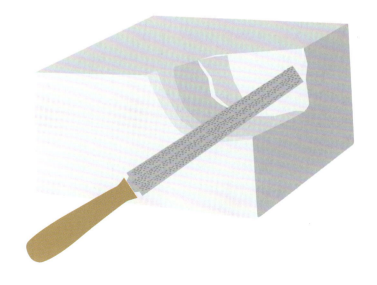

KOPF

MATERIAL
Betonstein
große Raspel
grobes Schleifpapier
Dreikantfeile
Staubschutzmaske

Dieser Kopf hat eine ganz simple Form. Du bearbeitest den Betonstein so mit der Raspel, dass sich ein hohes Oval ergibt. Nur in Höhe von Nasenunterkante, Mund und Kinn wird die Außenkante des Ovals anders geformt. Für die Nase feilst du eine gerade Unterseite, die Lippen werden durch leichte Wölbungen und eine Lücke zwischen Ober- und Unterlippe markiert. Das Kinn wird abgeschrägt. Am unteren Ende flachst du das Oval ab, damit der Kopf sicher steht und nicht kippt.

Zum Schluss arbeitest du das Auge auf beiden Seiten des Kopfes, indem du die Dreikantfeile ansetzt und leicht hin- und herdrehst.

HÖHLENSTADT

MATERIAL
Betonstein
Raspel
Feilen
Löffelchen
Kreide
Staubmaske

Mit der Raspel arbeitest du die groben Formen aus, die Eingänge zu den Höhlenwohnungen kannst du mit einem kleinen Löffel „ausgraben". Mit schmalen Feilen lassen sich schließlich die Details wie Treppen und alle Konturen nacharbeiten. Wenn du möchtest, betonst du die Höhleneingänge mit etwas Kreide; dadurch treten sie stärker hervor.

STEIN

STEINMÄNNCHEN

MATERIAL
Kieselsteine
Zweikomponentenkleber für Stein
Farbe und Pinsel
Klarlack

Du suchst nach Kieselsteinen in verschiedenen Größen und stapelst sie. Kannst du eine Figur, ein Gesicht oder Ähnliches erkennen?

Sorge dafür, dass die Steine, die du verwenden willst, stabil aufeinandersitzen. Dann klebst du sie mit Zweikomponentenkleber zusammen. Nach der Trocknungszeit bemalst du deine Steinfigur mit Farbe und Pinsel – so, wie es dir gefällt.

TIPP

Die Farbe bekommt mehr Glanz und hält noch besser auf dem Stein, wenn du ihn zum Schluss mit einer Schicht Klarlack überziehst.

STEINPERLEN

MATERIAL
Kieselsteine
Akkubohrer
Steinbohrer
Bänder

Nicht alle Steine lassen sich bohren. Das solltest du ausprobieren, denn manche Gesteinsarten sind so bröselig, dass sie leicht beim Bohren zerfallen. Kieselsteine sind aber in der Regel robust, sodass du sie gut bearbeiten kannst. Du kannst zum Beispiel Löcher für Ketten oder Schlüsselanhänger bohren. Oder aber du verwendest ganz viele Steine und baust dir eine alte Rechenmaschine, einen sogenannten Abakus.

TIPP

Vor dem Bohren kannst du die Steine anfeuchten. Dann staubt's weniger. Am besten klemmst du die Steine beim Bohren mit einer soliden Schraubzwinge fest.

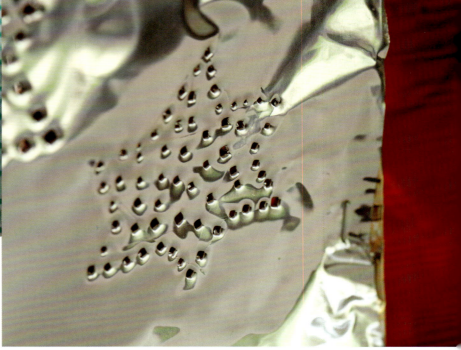

96

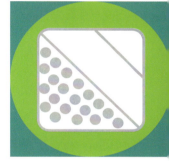

METALL

Draht gibt es in vielen unterschiedlichen Stärken. Für die Projekte in diesem Buch wird dünner Bindedraht verwendet, aber auch ganz dicker Draht in einer Stärke von 4 mm. Metalldrähte (meist Kupferdrähte) mit einer isolierenden Ummantelung aus Kunststoff werden auch Kabel oder Leitung genannt. Wie sie eingesetzt werden, erfährst du im Elektro-Kapitel ab Seite 178. Darüber hinaus kommt Draht auch als Maschendraht vor. Auf den Seiten 122/123 sowie in den Kapiteln zu Gips und Pappmaschee wird erklärt, wie du ihn verwenden kannst.

Dicker Draht lässt sich oft mit der Hand zurechtbiegen. Gezielter kannst du ihn biegen, wenn du verschiedene Zangen einsetzt. Willst du zum Beispiel eine Öse oder Schnecke biegen, dann greifst du den Drahtanfang mit der Spitze einer Rundzange und biegst eine kleine Schlaufe.

Kantiger kann mit der Flachzange gebogen werden.

Dünne, gewalzte Metalle heißen Bleche. Konservendosen werden meist aus Weißblech hergestellt, einem gewalzten Stahlblech, dessen Oberfläche mit Zinn beschichtet ist.

Um einen Blechstreifen in eine bestimmte Form zu bringen, kannst du ihn über einen festen Kern biegen. Das heißt, du nimmst ein Vierkantholz oder Rundholz in der passenden Größe und spannst es zusammen mit dem Blech in einen Schraubstock. Dann schlägst du das Blech mit dem Holzhammer in Form.

Noch besser biegen kannst du Dosenblech, wenn du es mit einem Flambierbrenner oder Butangasbrenner erhitzt. Du hältst das Blech mit der Zange und drehst es langsam vor der Gasflamme hin und her. Wenn es rötlich glüht, biegst du das Blech mit zwei Zangen in die gewünschte Form.

Rundzange

Flachzange

SCHNEIDEN, FORMEN

Zum Schneiden von Blech bis etwa 1 mm Stärke brauchst du eine Blechschere. Halte sie so, dass die Scherenflächen immer senkrecht zum Blech stehen. Willst du eine Konservendose zerlegen, schneidest du den Boden mit einem Dosenöffner ab. Dann schneidest du den Mantel entlang der Lötnaht mit der Blechschere durch.

Jetzt schneidest du die Kanten ab. Vorsicht: An den feinen Metallspänen kann man sich leicht verletzen.

Deshalb solltest du jede Kante nach dem Schneiden abfeilen, indem du mit der Feile in beiden Richtungen an der Kante entlangfährst. Bei diesen Arbeiten immer Arbeitshandschuhe tragen!

Blechschere

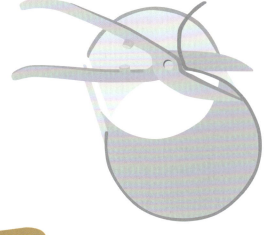

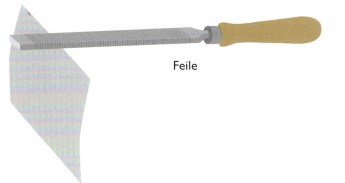

Feile

BLECHGITARRE

MATERIAL

Blechdosen mit geraden Flächen (z. B. Fisch-dosen), Pappe, Schere, Blechschere, Ahle, Flach- oder Rundzange, Filzstift, Arbeitshand-schuhe

Am besten überträgst du die Vorlage für Vor-der- und Rückseite der Gitarre zunächst auf Pappe, schneidest sie als Schablone aus und überträgst dann die Kontur mit Filzstift auf das Blech. An der Seite des Gitarrenkörpers befin-den sich Laschen, die später entweder um das Seitenteil herumgelegt oder in Schlitze auf der Rückseite eingesteckt werden. Mit der Blech-schere schneidest du Vorder- und Rückseite sowie einen Streifen als Seitenteil aus. Das Seitenteil hat eine Breite von ca. 1 cm.

Dann fügst du die Teile zusammen. Sie werden nur durch die seitlichen Metalllaschen zusam-mengehalten. Zum Biegen von Griffbrett sowie Seitenteil und seitlichen Laschen eignet sich neben einer Flachzange auch eine Rundzange. Sitzt alles perfekt? Dann ist die Gitarre fertig.

Beim Arbeiten mit Blech kannst du dich leicht an den scharfen Kanten schneiden. Trage deshalb immer Arbeitshandschuhe.

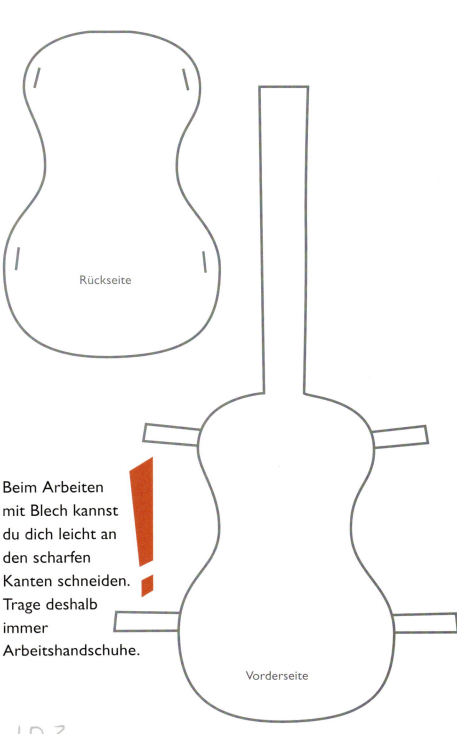

Rückseite

Vorderseite

MURMELBAHN

MATERIAL
viele gerundete Blechdosen, Butangasbrenner/
Flambierbrenner, Holzleisten, dicker Draht,
MDF-Platte, ca. 60 x 60 cm, Flachzange, Koch-
handschuhe oder Arbeitshandschuhe, Feinsäge,
Blechschere, Heißkleber

Für die Rinne der Murmelbahn brauchst du
viele einzelne Blechstücke mit ca. 5 cm Breite
und unterschiedlichen Längen. Diese Blechstücke erhitzt du vorsichtig mit dem Gas-
brenner. Dabei hältst du sie mit der Zange
fest. Damit du dich nicht verbrennst, solltest
du hitzefeste Arbeits- oder Kochhandschuhe
tragen. Ist das Blech erhitzt, lässt es sich mit
der Zange gut in „Rinnenform" biegen.

Dann platzierst du Holzleistenstücke mit
unterschiedlichen Höhen auf der Bodenplatte
und klebst sie mit Heißkleber fest. Was Höhe
und Platzierung der Holzleisten angeht, kannst
du dich am Foto rechts orientieren. Du ordnest
die Rinnenteile so an, dass die Murmel später
zügig von oben nach unten rollen kann. Befes-
tige die Blechteile mit Heißkleber auf den Holzleisten. Du kannst auch Abstände einplanen, die
die Murmel einfach überspringt. Oder du über-
brückst Lücken mithilfe von Draht. Ganz unten
wird die Murmel von einer halb aufgeschnitte-
nen Dose aufgefangen.

Murmelbahn ▶
Max, 12 Jahre

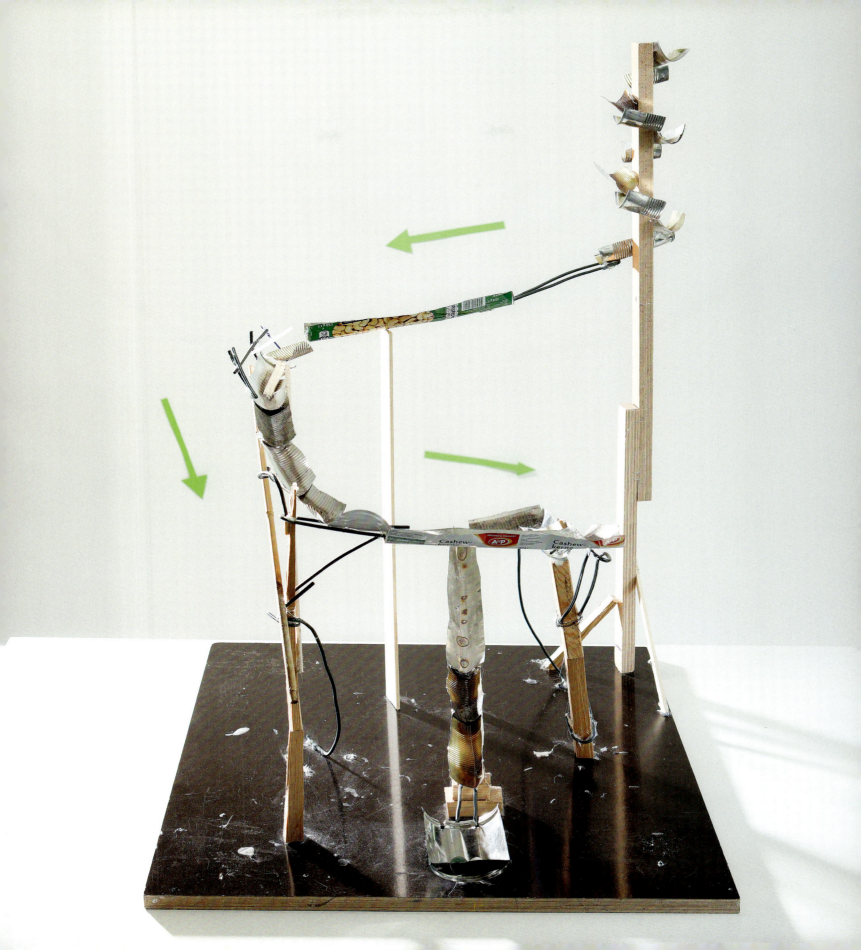

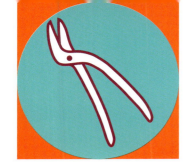

BLECHDOSENMANN

MATERIAL
große und kleinere Blechdose
dicker ummantelter Draht
Blechschere
Flach- oder Spitzzange
Ahle
Heißkleber
Arbeitshandschuhe

Aus den Blechdosen schneidest du lange Streifen mit seitlichen Laschen. Mit der Zange biegst du die Blechstreifen zu Würfeln mit offener Ober- und Unterseite. Wie bei der Gitarre auf Seite 102 schließt du die Form, indem du die Laschen in Schlitze an der gegenüberliegenden Seitenkante steckst.

Für den Kopf brauchst du außerdem ein flaches, quadratisches Blechstück, dessen Außenkanten umgebogen werden. Du passt das Blech in den kleinen Würfel ein und klebst es mit Heißkleber fest. Dann bohrst du in die Mitte des Blechs zwei Löcher. Hier wird später die Schlaufe des

◀ Dosenmann
Zoe, 10 Jahre

Drahtstücks für die Arme durchgezogen. Auch der größere Quader bekommt seitlich Löcher für die Arme.

Aus zwei ca. 60 cm langen Drahtstücken formst du das „Innengerüst" des Blechdosenmannes. Du fädelst eines der Drahtstücke durch die Löcher am Kopf, biegst beide Drahtstücke in der Mitte und verdrehst sie einmal, um Schlaufen zu bilden. Lege die Schlaufen, wie in der Zeichnung gezeigt, übereinander und schiebe die Arme durch die Löcher des großen Quaders. Jetzt biegst du alles in Form. Fertig!

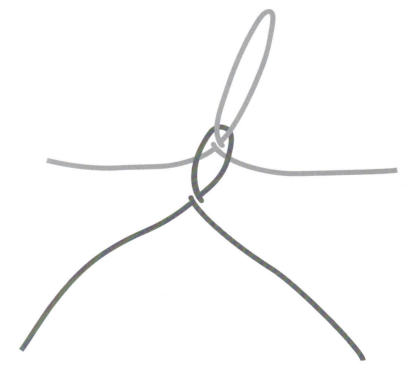

METALL

Dünne Metallfolien aus Aluminium, Kupfer oder Messing in Stärken von 0,05, 0,08 und 0,1 mm lassen sich leicht mit einem Kugelschreiber prägen. Du musst dir keinen der speziellen Prägestifte anschaffen, die es in Hobbygeschäften zu kaufen gibt.

Zum Prägen legst du die Metallfolie auf eine weiche Unterlage – zum Beispiel auf Styropor oder Moosgummi. Die Seite der Metallfolie, die später die Rückseite sein wird, zeigt nach oben.

Dann zeichnest du mit dem Kugelschreiber Linien auf. Du kannst auch eine Schablone oder Vorlage auf die Metallfolie legen und die Kontur mit dem Kugelschreiber umfahren.

Flächen kannst du mit gestrichelten Linien, Punkten oder Spiralen füllen.

Wenn dein Motiv fertig ist, drehst du die Folie um. Auf der Vorderseite ragen die Prägelinien nach oben. Man sagt, sie sind „erhaben".

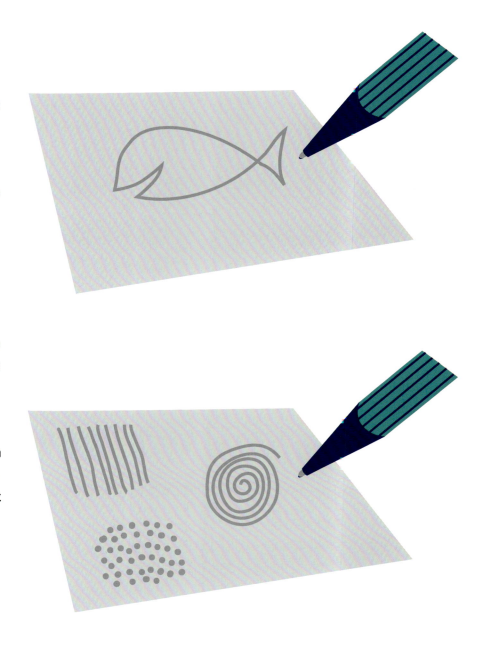

PRÄGEN, LOCHEN

Soll dein Motiv noch plastischer werden, kannst du einen runden Teelöffelstiel zu Hilfe nehmen. Du fährst auf der Rückseite der Folie mit dem Teelöffelstiel kräftig über die Innenfläche des Motivs, um auf der Vorderseite eine erhabene Fläche zu erzeugen.

In dünnere Bleche, Metallfolien oder Blechdosen lassen sich mühelos Löcher bohren oder schlagen. Zum Bohren kannst du viele verschiedene Werkzeuge einsetzen. Sehr leicht geht es mit einer Ahle.

Um Löcher einzuschlagen, brauchst du einen Hammer und einen spitzen Gegenstand aus Metall. Ein Werkzeug, das extra dafür gemacht ist, ist der Durchschlag. Dünne Metallfolien lassen sich aber mit einem einfachen Nagel ebenso gut lochen.

Du legst dein Material auf eine ebene Unterlage, die weicher ist als das Blech oder die Metallfolie. Dann setzt du den Durchschlag oder Nagel dort an, wo das Loch entstehen soll. Wichtig ist, dass du den Durchschlag oder Nagel genau senkrecht aufsetzt. Mit einem kräftigen Hammerschlag treibst du die Metallspitze durch das Blech.

Ahle

Durchschlag

LATERNEN

MATERIAL

Metallfolie, Pappe, Laternenbügel oder Draht, große Käseschachtel, Ø ca. 15 cm, Teelicht, Nagel, Hammer, Klebstoff, Styropor als Unterlage, Farbe und Pinsel

Du schneidest eine Metallfolie von ca. 30 cm Breite und 50 cm Länge zu oder verwendest vier Einzelblätter (ca. DIN A4), die du später seitlich zusammenklebst. Dann legst du die Folie auf einen weicheren Untergrund (zum Beispiel Styropor). Wenn du entschieden hast, welches Muster die Folie bekommen soll, zeichnest du dieses ganz schwach vor. Es macht aber auch großen Spaß, sich beim Machen spontan Muster auszudenken. Nun setzt du die Nagelspitze auf der Kontur des Musters an und schlägst mit dem Hammer auf den Nagel, sodass sich ein Stanzloch in der Folie ergibt. Du versetzt den Nagel um einige Millimeter und stanzt ihn erneut durch die Folie. Nach und nach bildet sich so dein Muster heraus.

Zum Schluss klebst du die Außenkanten zusammen. Du misst die sich ergebende Bodenfläche aus und arbeitest in der entsprechenden Größe einen Boden aus Pappe, den du am Folienrand festklebst. Für die runde Laterne verwendest du die Käseschachtel als Boden. Der obere Rand bekommt ebenfalls mehr Halt durch das Auf- oder Hinterkleben eines Pappstreifens. Dann stichst du zwei Löcher in den verstärkten oberen Rand und hängst dort den Laternenbügel ein. Nun musst du die Bodenfläche nur noch mit einem Teelicht bestücken.

TIPP

Wenn du magst, kannst du den seitlich sichtbaren Rand der Käseschachtel in einer Kontrastfarbe bemalen.

Laternen ▶
Rasmus, 6 Jahre

METALL

Lötkolben

Durch Löten können Metalle verbunden werden. Es ist eine sehr alte Technik, mit der die Menschen schon vor mehr als 7000 Jahren Metalle wie Gold, Silber und Kupfer zusammenfügten. Im Unterschied zum Schweißen wird beim Löten nicht das eigentliche Metall zum Schmelzen gebracht, sondern ein Lot mit einer niedrigeren Schmelztemperatur. Man unterscheidet zwischen dem Weichlöten und dem Hartlöten. Das Hartlöten wird mit einem Lötbrenner bei hohen Temperaturen (ab 450 °C) gemacht. Aber für deine Zwecke reicht das Weichlöten (bis 450 °C) aus.

Zum Weichlöten brauchst du einen elektrischen Lötkolben mit einer Leistung von mindestens 100 Watt.

Und du benötigst ein Lot: das Lötzinn – eine Legierung mit einem Zinnanteil. Damit die zu verlötenden Flächen beim Erhitzen nicht oxidieren, musst du außerdem ein Flussmittel auftragen, das Lötfett.

Einfacher geht's mit Lötdraht oder Lötpaste, denn in Lötdraht und -paste ist das Flussmittel jeweils schon enthalten und muss nicht extra aufgetragen werden. Gerade wenn die zu verlötende Stelle nur sehr klein ist, ist es am besten, mit Lötdraht zu arbeiten.
Um die erhitzte Spitze des Lötkolbens zu säubern, verwendest du einen Salmiakstein.

Zunächst reibst du die zu verlötenden Flächen mit Schleifpapier ab und reinigst sie dadurch von Fett, damit das Lötzinn haften kann.

Du steckst den Lötkolbenstecker in die Steckdose und wartest ein paar Minuten, bis die Kolbenspitze heiß ist. Du kannst testen, ob der Kolben heiß genug ist, indem du die Schneidefläche des Lötkolbens auf den Salmiakstein drückst. Wenn's zischt, kannst du loslegen.

LÖTEN

Du drückst das Lötdrahtende auf die Löt-
stelle und bringst es dort mit dem Kolben
zum Schmelzen. Der Zinntropfen bleibt
auf den gereinigten Metallflächen haften
und überzieht sie mit einer dünnen Zinn-
schicht. Wenn diese Schicht erkaltet ist,
sind die Metallflächen fest verbunden.

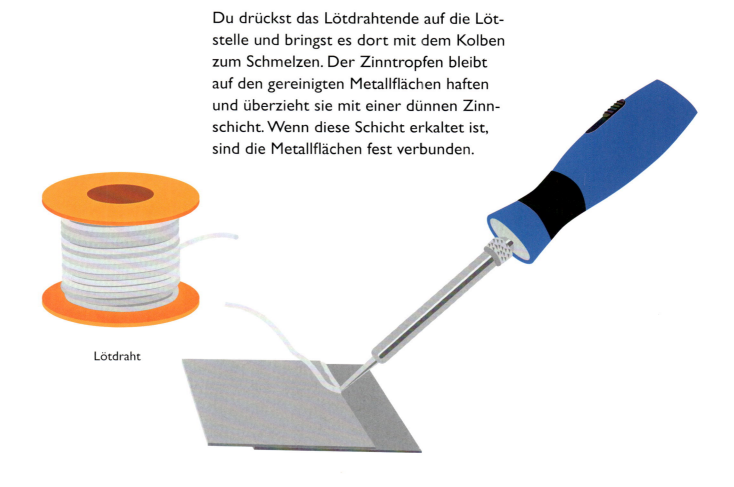

Lötdraht

LEUCHTTURM

MATERIAL

3 Blechdosen
kleine Blechdose
Teelicht, Blechschere, Flachzange,
Lötkolben, Lötzinn oder -draht,
Draht, Arbeitshandschuhe

Für diesen Leuchtturm brauchst du drei gleich große Blechdosen, die nur an einer Seite (oben oder unten) offen sind.

Du stellst die Dosen aufeinander und verbindest sie, indem du sie an zwei sich gegenüberliegenden Punkten am oberen bzw. unteren Rand zusammenlötest. Die kleine Dose schneidest du am Rand achtmal ein. Es sollen drei Laschen von ca. 2 cm Breite entstehen, die du leicht nach oben biegst, sowie eine breitere Lücke, durch die sich später das Teelicht einschieben lässt.

Jetzt lötest du die kleine Dose mittig auf der obersten großen Dose fest. Zusätzlich verankern kannst du sie mithilfe von Drahtstücken, die du auf der obersten großen Dose verlötest.

◄ Leuchtturm
Max, 12 Jahre

Das Dach des Leuchtturms formst du aus einem kreisrunden Blechstück, das du an einer Stelle einschneidest. Du schiebst die Kanten übereinander und formst so einen Spitzhut. Verlöte die Kante und löte das Dach auf der kleinen Dose fest. Wenn du zum Schluss ein brennendes Teelicht in die obere Dose stellst, leuchtet dein Leuchtturm.

Beim Arbeiten mit Blech kannst du dich leicht an den scharfen Kanten schneiden. Trage deshalb immer Arbeitshandschuhe.

115

METALL

DRACHEN

MATERIAL
8 kleine Konservendosen
größere Konservendose
Schnur oder Band
Stoff, Gewebeband
2 Gewindestangen mit 4 passenden Muttern
Schraube mit passender Mutter
2 Kronkorken, 2 Perlen
Draht, Klebstoff, Ahle, Blechschere, Schere

In den Boden der kleinen Dosen bohrst du mit der Ahle mittig ein Loch. Dann fädelst du die Dosen wie Perlen auf eine Schnur, deren Enden du jeweils verknotest. Das ist der Drachenkörper. Achte auf einen Dosenabstand von etwa 2 bis 3 cm. So kann sich dein Drachen später besser bewegen.

Aus der größeren Dose schneidest du mit der Blechschere das Drachenmaul und umklebst die scharfen Kanten vorsichtig mit Gewebeband. Für die Augen bohrst du zwei Löcher in die Kronkorken und in die Dose. Dann fädelst du für jedes Auge eine Perle mittig auf ein Drahtstück, legst den Draht doppelt und fädelst ihn durch Kronkorken und Dose. Innen verdrillst du die Enden mehrfach.

Dann bohrst du unten in den Kopf und oben in die vorderste Dose des Drachenkörpers je ein Loch. Hier befestigst du den Kopf mit Schraube und Mutter.

Außerdem bohrst du unten in die vorderste und in die letzte Dose des Körpers ein Loch. Hier steckst du die Gewindestäbe in den Drachenkörper und fixierst sie mit jeweils zwei Muttern (eine innerhalb des Drachenkörpers und eine außerhalb).

Dann verbindest du die Körperglieder mit etwa 5 cm breiten Stoffstreifen, die du zwischen die Dosen klebst.

Wenn du möchtest, kannst du oben in den Drachenkörper kleine Löcher bohren, und etwas „struppigen" Draht hineinstecken.

Stinkendes Ungeheuer ▶
Elena, 9 Jahre

Mister Wichtig

MATERIAL
dicker ummantelter Draht
Seitenschneider
Rund- und Flachzange
Isolierband

Wer seine Brille auf diesem Brillenständer ablegt, findet sie garantiert wieder.

Du biegst zunächst einen kreisförmigen Fuß, damit der Brillenständer sicher steht. Dann führst du den Draht nach oben und „modellierst" ein Kinn und eine große Nase. Nun führst du den Draht seitlich nach außen und bildest eine Art Welle, die in einem schönen, großen Ohr endet. Für die Welle auf der Gegenseite setzt du ein neues Stück Draht am Nasenrücken an, das du mit Isolierband befestigst. Biege dieses Drahtstück gegengleich zur gegenüberliegenden Seite. Fertig!

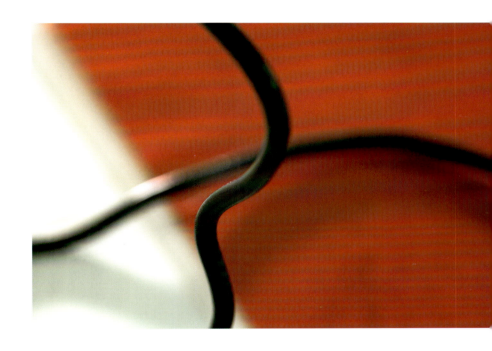

◀ Brillenständer
Zoe, 10 Jahre

KRAN

MATERIAL

MDF-Platte, Maschendraht, Holzleiste , 4 gebohrte Holzräder
(Hobbyladen), runde Holzscheibe,
Ø ca. 5 cm (Hobbyladen)
2 Rundhölzchen, Schnur, Pappe
kurzer Gewindestab
4 Flügelmuttern, 4 Muttern, 2 Unterlegscheiben (passend zum Gewindestab), dünner Draht, Kurbel
(Inbusschlüssel), Magnet, Metallsäge,
Feinsäge, Akkubohrer, Klebstoff,
Holzleim

Der Kran dreht sich rundum, sobald du an der Kurbel
drehst. Das Lastseil kannst du ebenfalls hoch- und runter-
drehen, am Ende hängen eine Mutter und daran wieder ein
starker Magnet.

Der Antrieb läuft über einen gekreuzten Riemen, mehr
dazu findest du auf Seite 58. Die Riemenscheiben bestehen
aus jeweils zwei Holzrädern, zwischen die du einen dicken
Pappkreis klebst. In die Riemenscheiben leimst du je ein
Rundhölzchen als Welle. Von der Holzleiste sägst du ein
längeres Stück ab, bohrst oben zwei Löcher und steckst die
Wellen samt Riemenscheiben hinein. Die Holzleiste leimst
du auf die MDF-Platte. Als Riemen dient ein Stück Schnur,
ein passender Inbusschlüssel wird zur Kurbel.

Für den Kran brauchst du einen Sockel: Du leimst die Holzscheibe auf eine Riemenscheibe und darauf wieder ein etwa
8 cm hohes Stück Holzleiste.

Aus dem Maschendraht formst du einen ungefähr 30 cm
hohen Turm, dessen Grundfläche auf den Holzsockel passt.
Die offene Maschendrahtseite schließt du mit ein paar
Drahtwicklungen. Den Querträger befestigst du ebenfalls
mit Draht: Das vordere Stück ist etwa 15 cm, das hintere
Stück 7 cm lang. Ein dreieckig gespannter Draht stabilisiert
den Querträger.

Als Achse für das Lastseil brauchst du einen kurzen Gewindestab, als Lager befestigst du mit Draht zwei Unterlegscheiben. Die Muttern dienen als Abstandshalter, die Geflügel-
muttern als Kurbelgriff. Das Lastseil fixierst du an der Achse
mit etwas Klebstoff und führst es durch den Querträger an
die Kranspitze.

TON, GIPS, PAPPMASCHEE

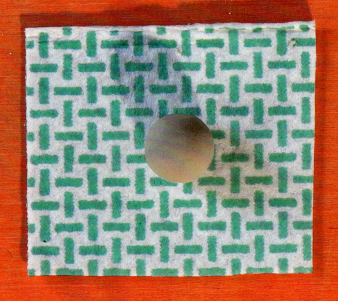
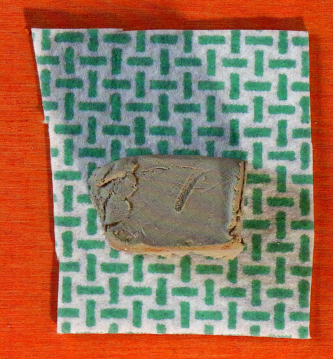
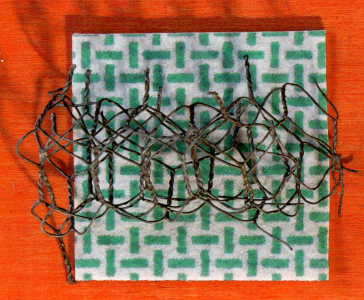

prache zur Lage der Di
all der Fälle hatte man
n unter der Woche gefü
ntag fasste Hoeneß mit

aus Somalia ku
nen Navajo für
Vete M

Sichtweisen a
Sammlung, so
von der Wash
Konfrontatio
zu überwind
zug Stellas S
ce, wenn es i
Das Humbol
Objekte und
gen oder T
sehr viel en
Gleichbere
ren Humbo
nal Watten

Natürlich
ngigkeit
nicht als a

Assistent Andri

t ich hier bin, schei s
ouis van Gaal vor ei
er seiner unnachahm

Ton ist feuchte Erde mit einer bestimmten Zusammensetzung oder Lehm. Er wird gebrannt, um ihn hart und wasserundurchlässig zu machen. Normalerweise muss Ton mit Schamotte (das ist gebrannter und gemahlener Ton) versetzt und anschließend bei ca. 900 °C gebrannt werden. Es gibt jedoch inzwischen sogenannten Soft-Ton, den du brennen, aber auch an der Luft trocknen kannst. Du brauchst also keinen Brennofen, wenn du mit Ton arbeiten willst. Das Trocknen an der Luft dauert etwa zwei Tage. Anschließend kannst du den Ton bemalen oder mit Klarlack streichen.

Ton gibt es in vielen Erdfarben wie Gelb, Weiß, Rot, Dunkelbraun. Du kaufst ihn in schweren Blöcken. Die heißen Hubel.

Um Ton zu schneiden, verwendest du am besten ein Stück Draht.

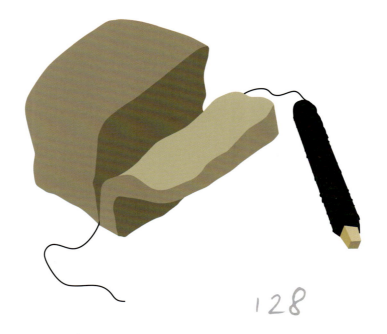

128

Es gibt verschiedene Techniken, mit denen du Ton bearbeiten kannst. Die beiden einfachsten sind die Daumendrucktechnik und die Aufbautechnik:

Bei der Daumendrucktechnik hältst du einen Klumpen Ton in einer Hand. Mit dem Daumen der anderen Hand drückst du den Ton in Schalenform.

Bei der Aufbautechnik rollst du den Ton zu Würsten und legst diese aufeinander. Wenn du nicht möchtest, dass die Würste sichtbar bleiben, verstreichst du sie anschließend mit den Fingern zu einer glatten Fläche.

Möchtest du zwei Tonteile zusammensetzen, raust du zunächst die Verbindungsflächen mit einer Gabel an. Dann setzt du die Teile aufeinander. Mit feuchten Fingern streichst du anschließend über die Verbindungsstellen, bis kein Ansatz mehr zu sehen ist.

TON

ENTE

MATERIAL

lufttrocknender, roter Ton
Kerzendocht
Holzspieß
Bindedraht
Gabel
Klarlack und Pinsel
Lampenöl

Du knetest den Ton kräftig durch und arbeitest mit der Daumendrucktechnik ein ovales Gefäß als Körper. Dann rollst du ein Stück Ton mit beiden Händen zur Wurst. Daraus werden Hals und Kopf der Ente. Du setzt die Wurst am Körper an (die Verbindungsfläche mit einer Gabel anrauen und die Ansatzstellen später gut mit Wasser verstreichen!) und formst Kopf und Schnabel heraus. Nun nimmst du den Holzspieß und bohrst vorsichtig einen Tunnel, der vom Kopf durch den Hals zum Körpergefäß führt.

Lass das Ganze gut austrocknen. Dann streichst du die Ente mit Klarlack. Zum Schluss schiebst du den Docht durch das Loch am Kopf bis zum Körpergefäß. Ein Durchrutschen kannst du mithilfe einer kleinen Drahtschlinge verhindern. In das Gefäß füllst du Lampenöl. Der Docht wird mit Öl getränkt und du kannst das Dochtende am Kopf entzünden. Jetzt spendet deine Entenlampe ein schönes Licht.

◀ Ente
Max, 12 Jahre

TON

IGEL

MATERIAL
lufttrocknender, roter Ton
Zahnstocher

Die gerundete Form eines Igels kannst du ganz einfach aus Ton nachbilden. Nach dem kräftigen Durchkneten des Tons modellierst du einen runden Igelkörper und eine spitze, in einem Knubbel endende Igelschnauze. Die Augen und weitere Gesichtskonturen lassen sich mit dem Fingernagel einkerben. Für die Stacheln kannst du entweder ganz viele Zahnstocher verwenden oder du formst jeden Stachel einzeln aus Ton. Dafür nimmst du nur ein Krümelchen Ton auf, rollst es zwischen deinen Fingerkuppen und drückst ein Ende zur Spitze zusammen. Dann platzierst du den Stachel auf dem Igelkörper und verstreichst den Stachelansatz gut mit Wasser. Sind alle Stacheln aufgesetzt, lässt du den Igel gut durchtrocknen.

Igel ▶
Zoe, 10 Jahre

MINI-MINIGOLF

MATERIAL
lufttrocknender, weißer Ton
Schraubverschluss (z. B. von Wasserflasche)
Farbe und Pinsel
Murmel
Zahnstocher
bunte Papierchen
Klebstoff

Diese Minigolf-Anlage kannst du auf dem Tisch oder Zimmerboden aufstellen und beliebig erweitern, wann immer du eine Idee für eine neue Spielstation hast.

Aus einem Tonstück formst du jeweils die Bahn und drückst mit dem Daumen die Ränder hoch. Aus gesonderten Tonstücken formst du Hindernisse, Tunnel oder Berge und drückst diese fest an. Die Löcher stichst du mit dem Flaschendeckel aus, für die Fähnchen steckst du Zahnstocher in den feuchten Ton.

Dann verstreichst du alle Übergänge sorgfältig, sodass sich die Bahn mit den aufgesetzten Tonstücken gut verbindet, und glättest alles mit etwas Wasser.

Nach dem Trocknen kannst du die Minigolf-Anlage anmalen und Fähnchen anbringen. Als Schläger verwendest du einen Stift oder Ähnliches.

◀ Minigolf
Fabian, 7 Jahre

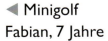

TON

HINKENDE ALIENS

MATERIAL
lufttrocknender, weißer Ton
Schrauben
Nägelchen
Muttern
Unterlegscheiben
Farbe
Pinsel

Die Figuren formst du aus einem Stück, wobei
du eine Unterkante stärker nach oben ziehst.
Hier steckst du eine Schraube als Hinkebein in
den feuchten Ton. Aus Muttern werden Augen,
aus Nägelchen Antennen, aus kleinen Schrauben Ohren, aus Unterlegscheiben Bauchnabel.
Nach dem Trocknen malst du die Figuren an —
mit Punkten oder ohne.

Einbeinige ▶
Elena, 9 Jahre

Gips kannst du nicht so einfach verarbeiten wie Ton, weil er vor dem Abbinden flüssig ist. Um eine Plastik aus Gips aufzubauen, brauchst du ein Gerüst, da der flüssige Brei vor dem Aushärten gestützt werden muss. Wenn der Härteprozess angelaufen ist, kannst du den festeren Gips in Form schnitzen oder feilen.

Um Modellgips anzumischen, füllst du Wasser in eine flexible Plastikschüssel. Mit einer Schaufel schüttest du vorsichtig Gipspulver ins Wasser. Du füllst weiteres Gipspulver auf, bis eine trockene Insel stehen bleibt. Wenn diese ebenfalls nass geworden ist, verrührst du Gips und Wasser mit einem Holzstab. Den Gipsbrei musst du jetzt schnell verarbeiten.

Zum Beispiel kannst du ihn als Gussmaterial verwenden. Das heißt, du gießt ihn in eine (eventuell eingefettete) Form und lässt ihn gut austrocknen.

Oder du formst ein vorhandenes Objekt ab und erstellst zuerst eine Negativform.

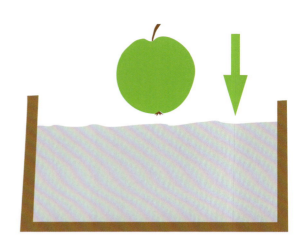

Hierfür fettest du deinen Gegenstand gut mit Vaseline ein, stellst ihn in eine Kartonageverpackung und füllst diese mit Gipsbrei auf, bis der Gegenstand komplett bedeckt ist. Du lässt den Gips so lange trocknen, bis er nicht mehr verformbar, aber noch nicht durchgetrocknet ist.

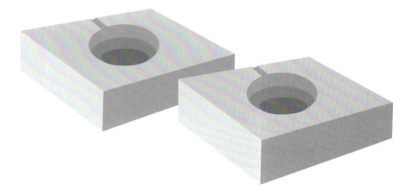

Dann löst du die Verpackung ab und schneidest die Gipshülle in zwei Hälften. Löse die beiden Teile vorsichtig vom Gegenstand ab. Nun höhlst du den oberen Rand beider Gipsteile mit dem Messer etwas aus, sodass sich beim Zusammenlegen der Teile ein Loch ergibt, in das später der Gipsbrei für die Positivform eingefüllt werden kann.

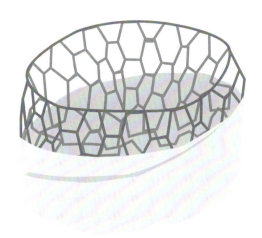

Die Negativform muss ganz durchgetrocknet sein. Dann kannst du sie innen mit Vaseline einfetten. Anschließend hältst du die beiden Negativformen mit einem Gummiband zusammen und füllst den Gipsbrei ein. Nach dem Trocknen und dem Ablösen der Negativformen erhältst du eine Positivform aus Gips, die die originale Form exakt abbildet.

Schließlich kannst du ein Gerüst aus Maschendraht oder sehr starkem Draht (ca. 4 mm stark) herstellen und dieses mit in Gipsbrei getränkten Stofffetzen oder Gipsbinden ummanteln.

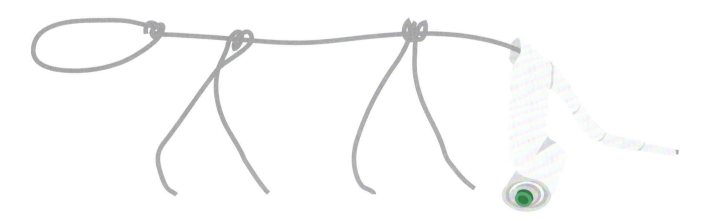

OBST

MATERIAL
Modellgips
Kartonageverpackungen
Apfel
Erdbeere o. Ä. aus Holz
bunte Filzwolle und Filzreste
Gummiband
Vaseline
Messer
Farbe und Pinsel

Um das Obst aus Gips herzustellen, brauchst du zunächst eine Negativform. Das heißt, du stellst den mit Vaseline eingefetteten Apfel oder die Holzerdbeere in eine Kartonageverpackung und füllst die Verpackung mit Gipsbrei auf, bis Apfel oder Erdbeere komplett mit Gips bedeckt sind. Du lässt den Gips so lange trocknen, bis er nicht mehr verformbar, aber noch nicht durchgetrocknet ist. Dann löst du die Verpackung ab und schneidest die Gipshülle in zwei Hälften. Löse die beiden Teile vorsichtig vom Apfel oder der Erdbeere ab. Nun höhlst du den oberen Rand beider Gipsteile mit dem Messer etwas

◀ Erdbeere und Apfel
Zoe, 10 Jahre

aus, sodass sich beim Zusammenlegen der Teile ein Loch ergibt, in das später der Gipsbrei für die Positivform eingefüllt werden kann.

Die Negativform muss ganz durchgetrocknet sein. Dann kannst du sie innen mit Vaseline einfetten. Anschließend hältst du die beiden Negativformen mit einem Gummiband zusammen und füllst den Gipsbrei ein. Nach dem Trocknen und dem Ablösen der Negativformen ist die Positivform bereit, um bemalt und mit Filz verziert zu werden.

GIPS

SÜSSKRAM

MATERIAL
Modellgips
quadratische Milchtüte aus Karton
Backpapierförmchen für Muffins
Papier oder alter Sahnespritzbeutel
Geburtstagskerzen für Kuchen
Zweikomponentenkleber
Schleifpapier
Farbe und Pinsel

Sehen der Kuchen und die Törtchen nicht zum Anbeißen aus? Vorsicht, denn du würdest dir die Zähne ausbeißen. Sie sind nämlich aus Gips.

Du verwendest eine oben abgeschnittene Milchtüte sowie Backpapierförmchen für Muffins und füllst sie bis zur gewünschten Höhe mit Gipsbrei. Dann lässt du den Gips gut durchtrocknen. Du kannst fühlen, dass er abbindet: Wenn du die Hülle anfasst, merkst du, wie warm der Gipsbrei geworden ist.

Ist der Gips getrocknet, reißt du die Papier- oder Papphülle auf und löst die Gipsform heraus. Wenn du magst, kannst du die Form mit Schleifpapier glätten. Für die „Sahne" des Kuchens verwendest du Gipsbrei, der nicht allzu flüssig ist. Du kannst einen ausrangierten Sahnespritzbeutel benutzen oder dir aus Papier eine Spitztüte basteln und die Spitze unten abschneiden. Du füllst den Gipsbrei in Beutel oder Tüte und drückst ihn durch das Loch auf den Kuchenrand. Für die „Kirschen" auf den Törtchen formst du Kügelchen aus Gips. Wieder alles gut trocknen lassen. Zum Schluss bemalst du Kuchen und Törtchen und klebst die Kerzen und Kügelchen mit Zweikomponentenkleber auf.

Kuchen und Törtchen ▶
Zoe, 10 Jahre

JANUSKOPF

MATERIAL
Modellgips
Kartonageverpackung
altes Schnitzmesser

Gips kannst du sogar mit dem Messer bearbeiten, also schnitzen, wenn er den richtigen Trocknungsgrad erreicht hat. Der Gipsbrei darf nicht mehr flüssig sein, aber auch nicht komplett durchgetrocknet, sonst ist er zu hart.

Du füllst deine Verpackung mit Gipsbrei und wartest so lange, bis der Gips nicht mehr formbar ist. Dann löst du die Verpackung ab. Mit dem Messer schneidest du den Kopf in Form. Ein Januskopf hat zwei Gesichter – vorne und hinten. Du kannst zum Beispiel vorne einen lachenden Mund schnitzen und hinten ein griesgrämig dreinblickendes Gesicht mit nach unten gezogenen Mundwinkeln. Oder du gestaltest beide Seiten gleich – ganz wie es dir gefällt.

145

MINOTAURUS

MATERIAL
Maschendraht
Gipsbinden
Bindedraht
Seitenschneider
Arbeitshandschuhe

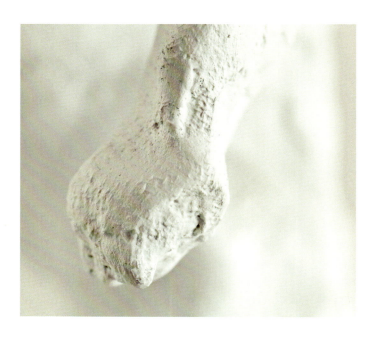

Der Minotaurus war in der griechischen Sage ein Mischwesen aus Mensch und Stier. Um einen Minotaurus aus Gips herzustellen, formst du aus Maschendraht die Figur: Beine, Bauch, Oberkörper, Arme und Stierkopf mit Hörnern. Auf der Rückseite bringst du einen stabilen Schwanz aus zu einer Rolle geformtem Maschendraht an, damit der Minotaurus nicht nur auf den zwei Beinen stehen muss, sondern auch durch den Schwanz gestützt wird.

Um verschiedene Maschendrahtelemente (wie Schwanz und Körper) zu verbinden, verwendest du Bindedraht. Bist du mit der Form deines Grundgerüsts zufrieden, ummantelst du den Maschendraht mit mehreren Schichten Gipsbinden. Unebenheiten gleichst du aus, indem du mit feuchten Händen darüberstreichst und die Oberfläche glättest.

Beim Arbeiten mit Maschendraht kannst du dich leicht verletzen. Trage deshalb immer Arbeitshandschuhe oder feste Gartenhandschuhe.

PANTHER

MATERIAL
dicker ummantelter Draht
Modellgips
Stofffetzen
Gipsbinden

Aus dickem Draht formst du Körper, Kopf,
Beine und Schwanz des Panthers. Die Drahtstücke für die Beine schlingst du um den
Draht für Kopf, Körper und Schwanz. Anschließend werden die Drahtstücke einmal
verdreht (siehe auch Seiten 138/139).

Das Tier ist nun noch ganz dünn und stak-
sig. Volumen bekommt es, wenn du es mit
in Gipsbrei getränkten Stofffetzen und anschließend mit Gipsbinden umwickelst. Das
machst du so lange, bis dein Panther die
richtigen Proportionen hat und vor Kraft nur
so strotzt. Der fertige Panther muss mehrere
Stunden durchtrocknen.

149

Pappmaschee, Papiermaschee oder Pulpe ist ein Gemisch aus Papier und einem Bindemittel, meist Kleister. Manchmal wird auch noch etwas Gips, Kreide, Sägemehl oder Ton zugesetzt. Die Pappmascheetechnik kommt ursprünglich aus dem Orient oder aus Asien. In Europa kennt man sie seit dem 15. Jahrhundert.

Um Pappmaschee herzustellen, werden in Stücke gerissenes Papier und Kleister zu einem zähen Brei vermischt. Diesen Brei lässt man etwas trocknen, bis er so fest ist, dass man damit gut modellieren kann.

Für die Objekte in diesem Buch musst du keinen Pappmascheebrei ansetzen, du brauchst aber dennoch Tapetenkleister und Papier. Zeitungspapier ist am besten geeignet, um feste Pappmascheeformen herzustellen.

Du reißt das Zeitungspapier nicht in Stücke, sondern knüllst es und tränkst das geknüllte Papier mit Kleister. Dann kannst du aus dem geknüllten Kleisterpapier die Form heraus-modellieren (zum Beispiel um die Köpfe der Kasperlepuppen auf den Seiten 156 bis 159 her-zustellen). Herausstehende Formen (wie Nase oder Kinn) kannst du extra modellieren und dann an die Ausgangsform ansetzen.

Außerdem hast du die Möglichkeit, eine schon bestehende Form mit in Kleister getränkten Papierschnipseln zu überziehen. Diese Technik nennt man Kaschieren. Als Grundform für das Kaschieren können Plastikflaschen, Luftballons und viele andere Dinge dienen. Du kannst das Grundgerüst auch selber herstellen, zum Bei-spiel aus Maschendraht.

Tapetenkleister ist als Pulver erhältlich. Das wird in ein Gefäß mit klarem Leitungswasser eingerührt. Man nennt dieses Einrühren auch „Ansetzen". In welchem Verhältnis du Pulver und Wasser mischen musst, steht auf der Packung. Wichtig ist, dass du das Pulver zügig ins Wasser schüttest, damit der Kleister nicht klumpt. Dann muss der Tapetenkleister einige Zeit quellen. Wie lange, steht auch auf der Packung.

PAPPMASCHEE

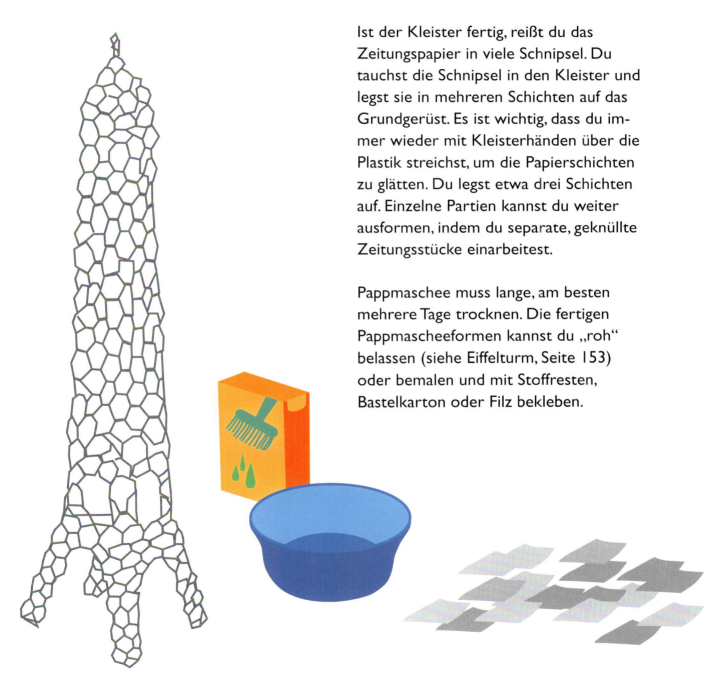

Ist der Kleister fertig, reißt du das Zeitungspapier in viele Schnipsel. Du tauchst die Schnipsel in den Kleister und legst sie in mehreren Schichten auf das Grundgerüst. Es ist wichtig, dass du immer wieder mit Kleisterhänden über die Plastik streichst, um die Papierschichten zu glätten. Du legst etwa drei Schichten auf. Einzelne Partien kannst du weiter ausformen, indem du separate, geknüllte Zeitungsstücke einarbeitest.

Pappmaschee muss lange, am besten mehrere Tage trocknen. Die fertigen Pappmascheeformen kannst du „roh" belassen (siehe Eiffelturm, Seite 153) oder bemalen und mit Stoffresten, Bastelkarton oder Filz bekleben.

PAPPMASCHEE

Eiffelturm

MATERIAL
Maschendraht
Zeitungen
Tapetenkleister
Draht
Seitenschneider
Arbeitshandschuhe

Aus Maschendraht formst du den Eiffelturm. Es handelt sich um eine nach oben schmaler werdende Rolle, die auf vier Füßen steht. Bei der Gestaltung der Form kannst du dich an der Zeichnung auf der vorigen Seite und am Foto rechts orientieren.

Bist du mit deinem Grundgerüst zufrieden, beginnst du mit dem Verkleiden. Du reißt die Zeitung in Schnipsel und tränkst sie mit Tapetenkleister. Dann legst du die Schnipsel nach und nach auf dein Turmgerüst auf. Insgesamt solltest du das Gerüst mit etwa drei Pappmascheeschichten bedecken. Der Eiffelturm muss mehrere Tage trocknen.

Eiffelturm ▶
Zoe, 10 Jahre

152

ELEFANTENKÖNIG

MATERIAL
Maschendraht
Zeitung
Tapetenkleister
Bindedraht
Tonkarton
Schere
Seitenschneider
Farbe und Pinsel
Arbeitshandschuhe

Aus Maschendraht entsteht das Grundgerüst
des Elefantenkönigs. Der Kopf hat die Form
einer Spitztüte. Körper und Arme haben jeweils
eine zylindrische Form. Die Füße entstehen aus
flachen Maschendrahtstücken.

Die Körperteile verbindest du mit Bindedraht.
Dann belegst du das Drahtgerüst mit etwa
drei Schichten Pappmaschee. Einzelne Körper-
partien wie zum Beispiel den Rüssel, die
Ohren, die Augenpartie etc. formst du weiter
aus, indem du in Tapetenkleister getränkte,
geknüllte Zeitungsstücke einarbeitest.

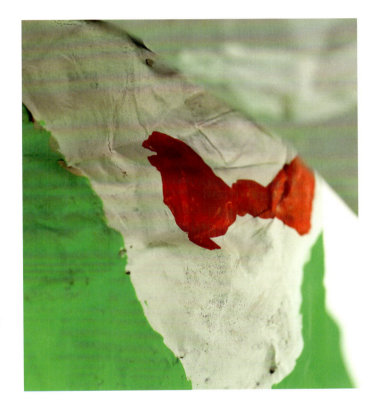

Wenn du mit der Form zufrieden bist, lässt
du deinen Elefanten mehrere Tage trocknen.
Anschließend kannst du ihn bemalen und ihm
eine Krone aus Tonkarton aufsetzen.

PAPPMASCHEE
GRUPPENARBEIT

KASPERLEPUPPEN

MATERIAL
Zeitung
Tapetenkleister
Stöckchen
leere Flasche
Stoffreste
Filzwolle
Bastelkarton
Papierschere
Stoffschere
Textilkleber oder Nähnadel und Nähgarn
Farbe und Pinsel

Ganz simpel ist es, Köpfe von Kasperlefiguren aus Pappmaschee zu modellieren. Du brauchst dafür kein Gerüst aus Maschendraht oder Draht. Du zerknüllst einfach etwas Zeitung, tränkst sie mit Tapetenkleister und formst sie zur Kugel. Mit dem Daumen drückst du ein Loch an einer Kugelseite ein und stülpst dieses über ein Stöckchen. Am besten stellst du den Stock in eine leere Flasche. So kannst du den Kopf von allen Seiten bearbeiten und musst ihn nicht festhalten.

Du legst mehrere Schichten Pappmaschee-schnipsel auf und setzt weitere Formen wie Ohren, Nase und Kinn an. Unebenheiten glättest du durch Überstreichen mit deinen Kleister-händen. Bist du mit der Form zufrieden, lässt du den Kopf gut trocknen. Dann kannst du ihn bemalen und mit Stoffresten, Bastelkarton oder Filzwolle verzieren.

▶

Prinz und Prinzessin:
Meret, 5 Jahre
Pirat: Nik, 5 Jahre
Pippi Langstrumpf: Lisa, 5 Jahre

UND NOCH MEHR KASPERLEPUPPEN

Für das Kleid legst du ein rechteckiges Stück Stoff doppelt, schneidest an der Bruchkante mittig ein kleines Loch hinein und klebst oder nähst die Seitenkanten zu zwei Dritteln zusammen. Den Rand des Lochs an der Bruchkante klebst du in das Loch am Kopf.

Wenn viele Kinder mitmachen, könnt ihr die Figuren für ein komplettes Kasperletheater basteln.

◄

Großmutter: Severin, 3 Jahre
Jim Knopf: Nik, 5 Jahre
„Figur": Timo, 5 Jahre

BLUMEN

MATERIAL
kleine Kunststoffflaschen
Luftballons
Tapetenkleister
Zeitungspapier
Malerkreppband
Malerpinsel
Farbe und Pinsel
Vogelsand (oder Reis)

Kegel, Rasseln (mit Reis gefüllt) oder Figuren für ein Freiluftbrettspiel? Ganz gleich, was du hier siehst: Fürs Gerüst brauchst du erst einmal leere Kunststoffflaschen.

Am Flaschenhals klebst du mit Malerkreppband aufgeblasene Luftballons fest. Erkennst du die Grundform? Dann rührst du den Kleister nach Herstellerangabe an und reißt ausreichend Zeitungspapier in Stücke oder schmale Streifen.

Mit dem breiten Malerpinsel streichst du das Grundgerüst ein und legst die erste Schicht aus Zeitungspapier auf. Achte darauf, dass sich die Papierstücke etwas überlappen. Entstehende Falten glättest du mit deinen Händen. Dann streichst du die erste Schicht satt mit Kleister ein und beginnst mit der zweiten Lage Zeitungspapier. Auf diese Weise legst du drei bis vier Schichten ringsum auf. Dann lässt du alles trocknen, am besten mehrere Tage lang. Zum Schluss malst du deine Figuren an.

162

STYROPOR+CO

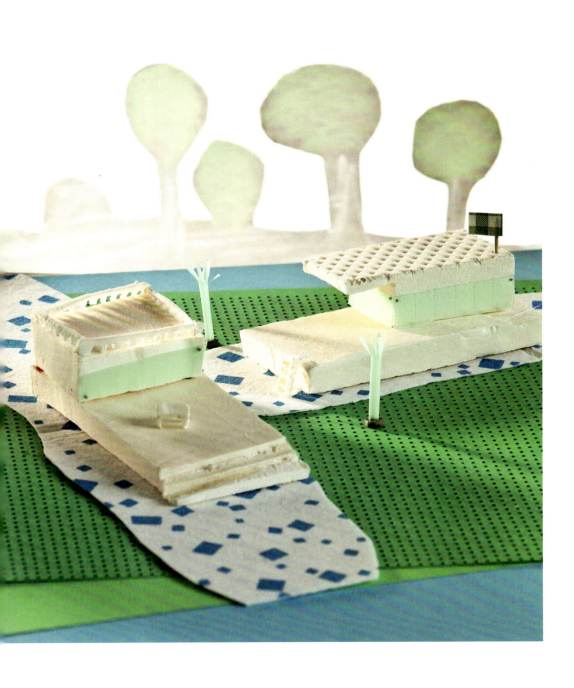

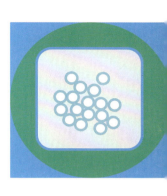

163

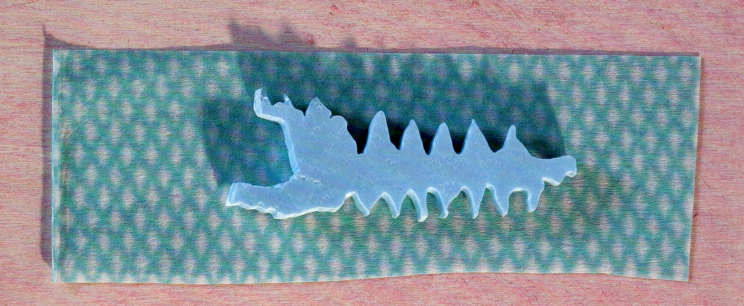

STYROPOR + CO

Styropor ist der Handelsname für Polystyrol-Hartschaum und wurde Mitte des letzten Jahrhunderts erfunden. Das Material besteht aus unzähligen, eng verbundenen Schaumkügelchen. Das erkennst du spätestens, wenn du eine Platte auseinanderbrichst.

Styropor hat eine recht grobe Oberfläche. Daneben gibt es eng verwandte Materialien mit einer feineren Oberfläche, oft in Hellblau, Gelb oder Rosa. Diese Materialien heißen zum Beispiel Styrodur oder Styrofoam.

Styropor und Co dienen vor allem als Verpackungsmaterial und als Wärmedämmung im Baugewerbe. Die feinporigeren Varianten sind wichtig für den Modellbau, zum Beispiel bei Architekten oder Modelleisenbahn-Fans. Das Material erhältst du im Baumarkt oder Modellbaufachhandel.

Zum Schneiden gerader Kanten verwendest du einen Cutter und arbeitest auf einer Schneideunterlage.

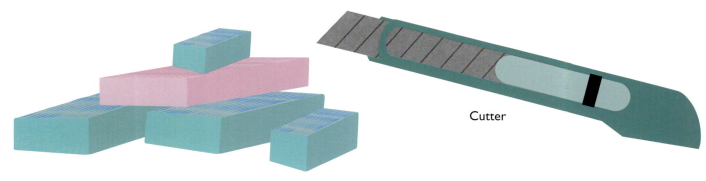

Cutter

SCHNEIDEN, BEARBEITEN

Das ist ein Heißschneidegerät: In einen verstellbaren Bügel spannst du einen Draht ein, der erhitzt wird. Mit dem Draht fährst du durch das Material, das beim Kontakt schmilzt. Du schmelzt dir also deinen Weg frei.

Das Gerät lässt sich bequem in Kurven hin- und herbewegen, wodurch schöne Formen entstehen. Außerdem kannst du den Draht von Anfang an in eine bestimmte Form biegen, sodass du mehrere geschwungene Linien auf einmal ausschneidest. Achtung: Der Draht wird sehr heiß, achte darauf, dich nicht zu verbrennen. Und arbeite in einem gut belüfteten Raum oder besser noch an der frischen Luft (du brauchst allerdings einen Stromanschluss).

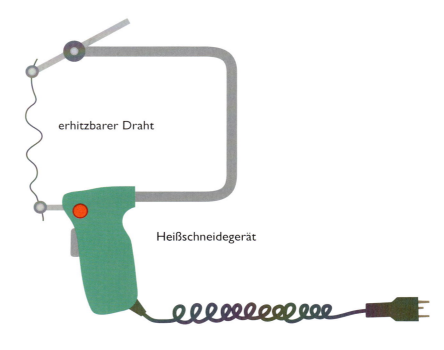

erhitzbarer Draht

Heißschneidegerät

Um die zugeschnittenen Teile dauerhaft zu verbinden, brauchst du Styroporkleber. Denn normale Alleskleber funktionieren in der Regel nicht. Oder du verbindest die Teile mit Zahnstochern oder Stecknadeln. Das geht schnell, hält aber nicht so stabil wie Klebstoff.

ZZZZZZZ

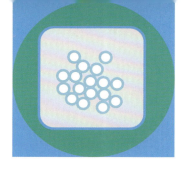
ZAUBERLANDSCHAFTEN

MATERIAL
Styrodurplatten
Heißschneidegerät
Sperrholz- oder MDF-Platten
Styroporkleber

Eine gute Übung für den Umgang mit dem Heißschneidegerät: Aus verschiedenfarbigen Styrodurplatten schneidest du feine Formen zu. Diese klebst du auf eine Grundplatte aus MDF oder Holz. Auf diese Weise entstehen Landschaften, die wie verzaubert aussehen. Und an Wälder, Seen oder Gletscher erinnern.

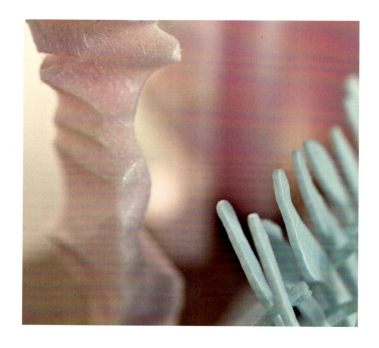

▶

Italien: Katharina, 13 Jahre
Patagonien: Johannes, 14 Jahre

STYROPOR+CO
SCHNEIDEN,
BEARBEITEN

Puzzle

MATERIAL
Styrodurplatten
Heißschneidegerät
Malerkreppband

Wenn du mit dem Heißschneidegerät schon etwas geübter bist, kannst du zweifarbig arbeiten: Du legst zwei verschiedenfarbige Platten übereinander und schneidest einfache Formen aus. Dann entfernst du die Ausschnitte und setzt jeweils die Ausschnitte aus der anderen Farbe ein.

Tipp

Damit dir die Styrodurplatten beim Zuschneiden nicht verrutschen, kannst du sie mit Malerkreppband vorübergehend zusammenkleben.

◀ Puzzle
Katharina, 13 Jahre

FABELWESEN

MATERIAL
Styrodurplatten
Cutter oder Heißschneidegerät
Schneideunterlage

Die Figuren bestehen aus verschiedenen Formen, die sich ineinanderstecken lassen. Am einfachsten geht das mit einem Heißschneidegerät, aber du kannst auch einen normalen Cutter verwenden.

Erst schneidest du den Körper, dann die anzusteckenden Teile: Kopf oder Beine oder Schwanz ... Dann schneidest du passend große Kerben ein und steckst die Teile zusammen.

Viecher ▶
Elena, 9 Jahre

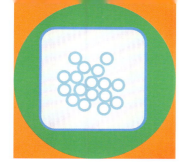

Im Gleichgewicht

MATERIAL
Styroporplatte
Cutter
Schneideunterlage
Zahnstocher

Auch wenn es so aussieht: Ein solches Gebilde ist kein schwieriger Balanceakt, sondern lässt sich sehr einfach basteln. Aus Styropor schneidest du auf einer festen Unterlage kleine Stücke zu. Diese steckst du mit Zahnstochern zusammen, nebeneinander, übereinander, diagonal, nach rechts, nach links, nach unten, kreuz und quer. Da die Materialien sehr leicht sind, gibt's kaum Gleichgewichtsprobleme. Wichtig ist nur, dass jedes Styroporstück mindestens zwei Verbindungen hat.

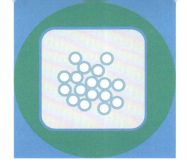

STYROPOR+CO
SCHNEIDEN, BEARBEITEN

HAUSBOOTE

MATERIAL
Styrodurplatte
Cutter oder Heißschneidegerät
Schneideunterlage
Zahnstocher
Stecknadeln

Styrodur ist leicht – und schwimmt wie eine Eins. Die Hausboote bestehen jeweils aus einer Grundplatte und aufgesetzter Stücken für Kajüte, Sonnendeck, Geländer, Badeleiter, Tisch ....
Die größeren Stücke kannst du gut mit dem Heißschneidegerät bearbeiten, für Details wie Leiter, Tische, Geländer etc. egnet sich eher ein Cutter.

Zum Verbinden der Einzelteile verwendest du Zahnstocher und Stecknadeln.

Schwimmende Häuser ▶
Milena, 11 Jahre

176

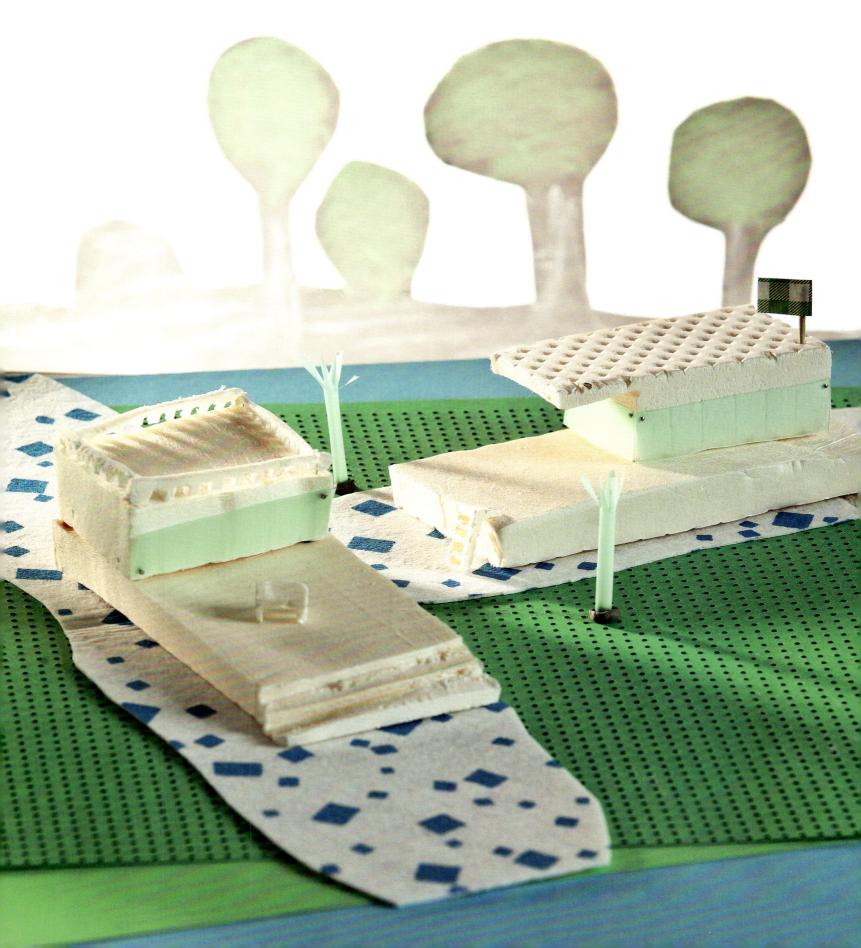

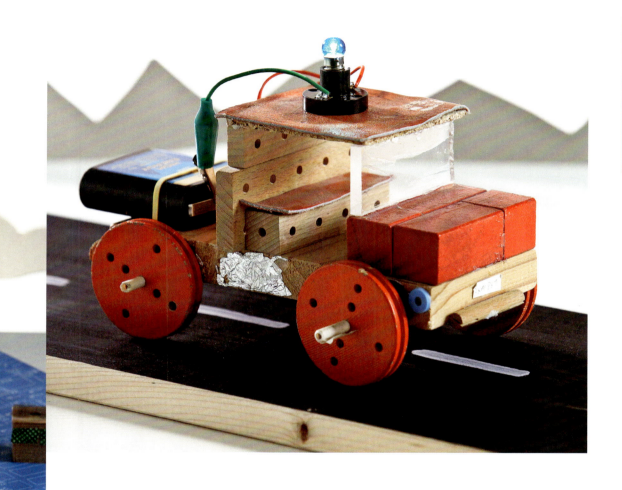

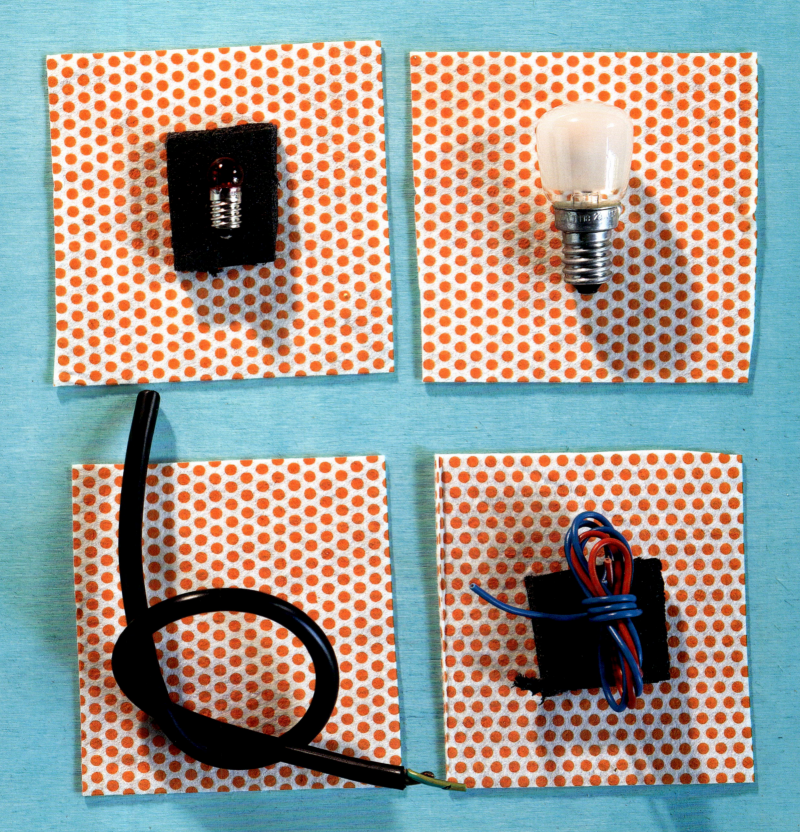

ELEKTRO

Was ist Strom? Strom entsteht durch Bewegung kleinster Teilchen, der Elektronen. Damit diese fließen können, muss es einen Hin- und Rückweg geben, also einen geschlossenen Stromkreis.

Isolierschicht

Kabel   Kupferlitze

Querschnitte Kabel

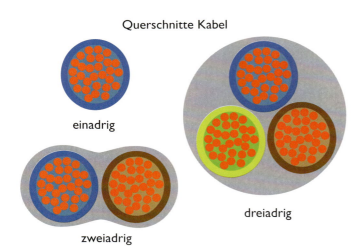

einadrig

zweiadrig

dreiadrig

Materialien, in denen Strom gut fließen kann, werden Leiter genannt. Sehr gut leitet beispielsweise Kupfer. Im Inneren eines Kabels findest du deswegen verdrillte Kupferlitze, die von einem nichtleitenden Isoliermaterial ummantelt wird. Je nachdem, wie viele Leitungen in einem Kabel verlaufen, spricht man von einadrigen, zweiadrigen oder dreiadrigen Kabeln.

Fürs Werken sind Batterieblöcke oder Niedervoltnetzteile geeignete Stromquellen. Eine wichtige Maßeinheit für Strom ist die Spannung, die in Volt (V) gemessen wird. Niedervoltnetzteile können den aus der Steckdose kommenden Strom von 230 V (diese Spannung ist lebensgefährlich!) in Strom von 12 V umwandeln. Blockbatterien haben eine Spannung von 4,5 V. An der Blockbatterie erkennst du, dass die Polung eine wichtige Rolle spielt: Es gibt einen Plus- und einen Minuspol. Das musst du bei vielen Elektroarbeiten beachten. Außerdem siehst du hier Krokodilklemmen-Kabel, die du rasch anschließen und wieder entfernen kannst.

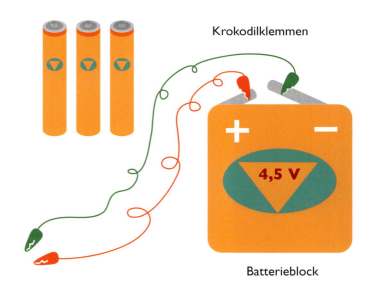

Krokodilklemmen

Batterieblock

Stromabnehmende Geräte heißen Verbraucher, beispielsweise Glühlampen. Bei der klassischen Glühlampe fließt der Strom durch eine Wolframspirale. Diese leitet den Strom, aber nicht sehr gut. Sie hat also einen hohen Widerstand. Der Widerstand wird in Ohm (Ω) gemessen. Durch den hohen Widerstand beginnt der Glühwendel zu glühen – und strahlt Licht aus. Daneben siehst du eine Energiesparlampe und eine Leuchtdiode (kurz LED). Bei LEDs musst du darauf achten, dass du das längere „Bein" am Pluspol und das kürzere am Minuspol anschließt. Glühlampen brauchen eine Fassung mit Innengewinde, an die das Stromkabel angeschlossen wird.

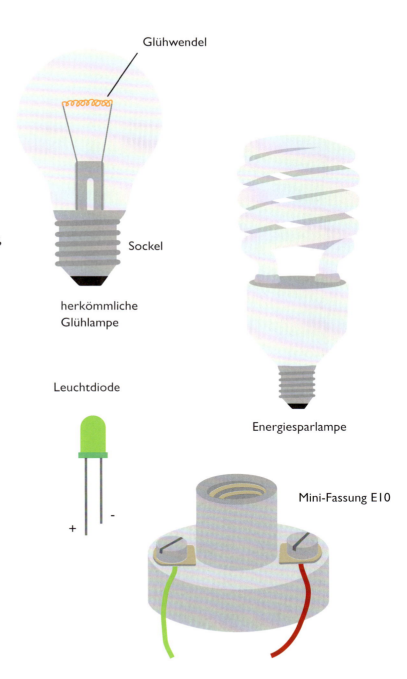

Glühwendel

Glaskolben

Sockel

herkömmliche Glühlampe

Energiesparlampe

Leuchtdiode

+   -

Mini-Fassung E10

ELEKTRO

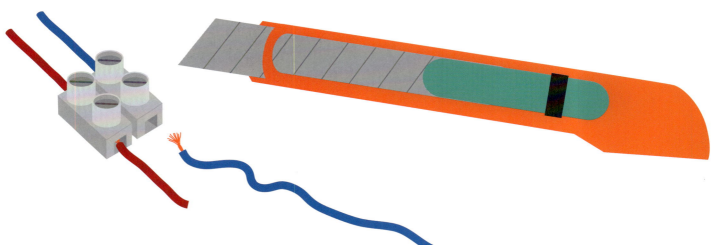

Zum Verbinden verschiedener Kabel benötigst du Lüsterklemmen. Mit dem Cutter entfernst du an den Enden der zu verbindenden Kabel die äußere Isolierschicht. Das Freilegen der Kabelenden nennt man abisolieren. Die freigelegten Kupferlitzen verdrillst du, schiebst sie von beiden Seiten in die Lüsterklemme und fixierst sie mit den Schräubchen. Auch wenn du eine Lampenfassung anschließen möchtest, werden die Kabelenden erst einmal abisoliert.

Spielzeug-Elektromotoren gibt es im Elektrofachhandel oder Modellbauladen in verschiedenen Größen und mit unterschiedlicher Drehzahl. In der Regel lassen sie sich ebenso anschließen wie Glühlampen oder du verwendest Krokodilklemmen-Kabel.

Die auf Spielzeugmotoren und anderen Geräten angegebene Höchstspannung musst du bei deinen Elektroarbeiten unbedingt beachten! Die Spannung deiner Stromquelle darf nicht höher liegen.

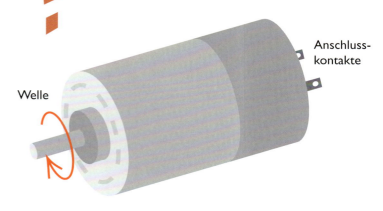

Welle

Anschluss-kontakte

184

Hier siehst du einen einfachen Stromkreis mit ange-
schlossener Mini-Glühlampe.
Außerdem siehst du den
dazugehörigen Schaltplan.
Schaltpläne sind schema-
tische Darstellungen mit
vereinfachten Symbolen. Die
Symbole und ihre Bedeutung
findest du im Kasten rechts.

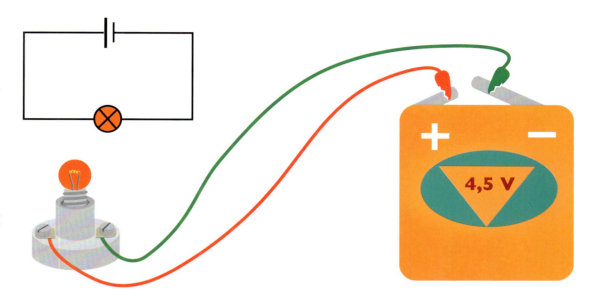

Möchtest du mehrere Lam-
pen anschließen, kannst du
zwischen einer Reihen- oder
Parallelschaltung wählen. Bei
der Reihenschaltung (auch
Serienschaltung) werden die
Lampen hintereinander geschaltet. Fällt eine Lampe aus, wird
der Stromkreis unterbrochen
und die anderen Lampen gehen
ebenfalls aus.

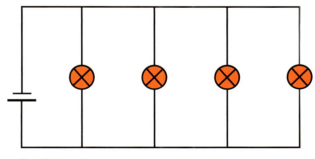

Parallelschaltung

Bei der Parallelschaltung
werden alle Minuspole
sowie alle Pluspole der
Elemente jeweils mit-
einander verbunden. Hier
können einzelne Elemente
ausfallen, ohne dass der
gesamte Stromkreis
unterbrochen wird.

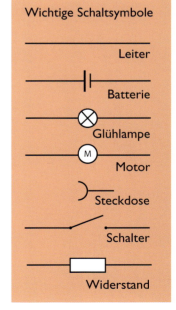

Wichtige Schaltsymbole

Leiter

Batterie

Glühlampe

Motor

Steckdose

Schalter

Widerstand

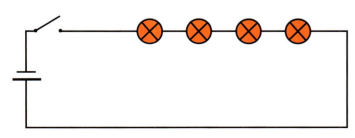

Reihenschaltung

185

HELFERLEIN

MATERIAL
Kabel mit Fassung E14 und Stecker
Glühlampe, 40 Watt
dicker ummantelter Draht
Draht
2 Unterlegscheiben
2 Schrauben
4 Korken
Holzleiste
Isolierband
Rund- und Flachzange
Akkubohrer

Du bohrst zwei Löcher in die Holzleiste. Dann nimmst du zwei lange Stücke Draht zur Hand, biegst je ein Ende um und verankerst die Draht-enden mithilfe der Schrauben und Unterleg-scheiben auf der Holzleiste.

Danach verbindest du je zwei Korken mit einem festen Stück Draht, das du jeweils mit-tig in die Korken hineinsteckst. In „Hüfthöhe" wickelst du die ummantelten Drähte um zwei miteinander verbundene Korken. Jetzt kommen

◀ Helferlein
Max und Fritz, 12 und 13 Jahre

Kabel und Fassung ins Spiel: Du verdrehst die ummantelten Drähte mehrfach und wickelst sie dabei um das Lampenkabel.

In Höhe der „Schulter" werden die nächsten beiden Korken mit den ummantelten Drähten umwickelt. Die Drähte werden schließlich zu den Armen des Helferleins. Sie enden in kleinen Schlaufen, welche die Hände bilden.

Zum Schluss schraubst du die Glühlampe als Kopf ein. Den „Hals" kannst du durch Um-wickeln mit Isolierband etwas stabilisieren. Wenn du den Stecker in die Steckdose steckst, leuchtet der Kopf des Helferleins.

BILDERMAL-
MASCHINE

MATERIAL
Plastikeimer, Steckernetzteil (mit Voltregulie-
rung) und Kabel, Elektromotor, Blechdose,
Sperrholz, Fein- oder Laubsäge, Dosenöffner,
Ahle, Cutter, Pappe, Klebstoff, Heißkleber,
weißer Tonkarton, Bleistift, Farbe

Du entfernst die Boden- oder Deckelseite der
Blechdose. Dann bohrst du in die Mitte der
gegenüberliegenden Seite ein kleines Loch für
die Welle des Elektromotors. Zeichne den
Dosenumfang zweimal auf das Sperrholz und
säge zwei Holzscheiben aus. Sie sollen sich
genau in die Dose einpassen lassen. In der Mitte
der beiden Scheiben sägst du ein kleines Rechteck heraus. Den Elektromotor klebst du so auf
eine der Scheiben, dass er mittig fest sitzt.

Jetzt kannst du die Scheibe in der Dose so
weit nach oben schieben, dass die Welle des
Motors durch das Dosenloch nach oben ragt.
Auf die Welle klebst du mit Heißkleber ein
kleines Holzbrett. Es dient später als Träger der
Pappscheibe.

In den Boden des Plastikeimers bohrst du
mittig ein Loch. Dann klebst du die zweite
Holzscheibe innen auf den Eimerboden. Das
rechteckige Loch der Scheibe soll über dem
Loch im Eimerboden sitzen.

Mit dem Cutter isolierst du das Kabelende
über eine Länge von ca. 50 cm ab. Dann entfernst du auch die innere Isolierung der beiden
im Kabel befindlichen Leitungen. Du führst die
beiden Leitungen durch das Loch im Eimerboden und die Löcher in den Scheiben und
schließt sie an Plus- und Minuspol des Motors
an. Die Dose stellst du über die Holzscheibe
am Eimerboden. Durch die Scheibe wird die
Dose arretiert.

Auf das kleine Holzbrett über der Welle
klebst du eine Pappscheibe. Dann testest du,
ob sich der Motor mit Holzbrettchen und
Scheibe dreht, wenn du das Steckernetzteil in
die Steckdose steckst. Mit einem Tropfen Klebstoff klebst du ein rechteckiges Stück Tonkarton auf die Pappscheibe. Dann steckst du den
Stecker ein und tropfst Farbe auf das Rechteck.
Durch die Zentrifugalkraft wird die Farbe nach
außen gedrückt, wenn sich die Scheibe dreht.
Es entstehen tolle Bilder.

Bildermalmaschine ▶
Zoe und Max, 10 und 12 Jahre

ELTERNMELDER

MATERIAL
Topfreiniger
Schere
Niedervoltnetzteil mit Kabel
roter und schwarzer Klingeldraht
Elektromotor
Lötkolben
Lötzinn
Messer
Pappe
Isolierband
Papier
Klebstoff
Heißkleber

Du schneidest den Topfreiniger in zwei Stücke und klebst sie zwischen die beiden Bleche. Auf das Wellenende des Elektromotors klebst du die Rückseite einer mit Papier bezogenen Pappe. Du kannst diese beispielsweise mit einem Warnschild bemalen. Dann verbindest du das Ende des roten Klingeldrahts mit dem Plus- und das Ende des schwarzen Klingeldrahts mit dem Minuspol des Motors.

◀ Elternmelder
Max und Fritz, 12 und 13 Jahre

Das Ende des vom Netzteil kommenden Kabels isolierst du ab. Im Innern befinden sich zwei Leitungen. Das Ende einer Leitung (weiß) lötest du an die kurze Seite eines Blechs. Das Ende des roten Klingeldrahts lötest du an der entsprechenden Stelle an die kurze Seite des zweiten Blechs. Die beiden schwarzen Leitungen verbindest du, indem du die Kupferdrähte verdrehst und mit Isolierband zusammenhältst. Oder du verwendest eine Lüsterklemme. Wenn du nun die Bleche unter eine Fußmatte schiebst und den Stecker einsteckst (das Kabel sollte möglichst nicht zu sehen sein!), dann dreht sich dein Warnschild, sobald jemand auf die Fußmatte tritt und den Stromkreis schließt.

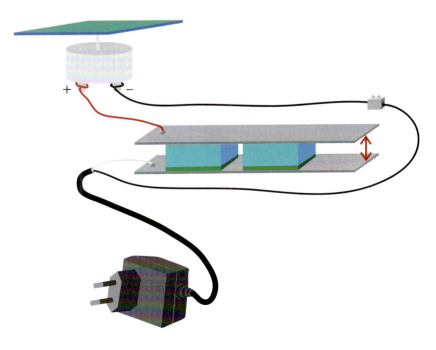

MIT BLAULICHT

MATERIAL

Holzplatte, 1 cm stark, 8 x 20 cm
4 gebohrte Holzräder (Hobbyladen)
2 Rundhölzchen
Holzleistenreste und Bauklötzchen
Korkplatte
Kunstlederrest, Acrylglasrest
4 Drahtösen, Kreppband
breites Gummiband
Blockbatterie 4,5 V
Minibirne E10 mit passender Fassung
und passenden Schrauben
2 Krokodilklemmen-Kabel
Schraubendreher
Feinsäge, Hammer, Cutter
Holzleim, Kunststoffkleber

Das Auto: Den Grundaufbau erkennst du gut am Foto. Du brauchst eine Grundplatte (in diesem Fall ist sie 8 x 20 cm groß) und Bauklötze oder Reste von Holzleisten, die du passend zusägst. Die Holzstücke leimst du auf die Grundplatte. Die Ladefläche sollte groß genug sein, damit du dort später die Batterie verstauen kannst.

Die Windschutzscheibe besteht aus einem Acrylglasrest, das Dach aus einem Stück Korkplatte und etwas Kunstleder. Genauso gut kannst du Holz, Kunststofffolie oder oder ... verwenden.

Die Radachsen werden wie links zu sehen mit Drahtösen an der Grundplatten-Unterseite befestigt. Dann steckst du die Räder auf und fixierst sie mit etwas Malerkreppband.

Das Blaulicht: Du baust einen einfachen Stromkreis, die Batterie dafür fixierst du auf der Ladefläche mit einem breiten Gummiband. Dann isolierst du beide Kabel an einem Ende ab und schließt sie an der Fassung an. Die Fassung schraubst du auf dem Autodach fest. Anschließend setzt du die Glühlampe ein und schließt die Krokodilklemmen an der Batterie an.

Auto ►
Kasper, 9 Jahre

ZUGBRÜCKE

Die Zugbrücke lässt sich elektrisch hoch- und runterfahren; das Ganze funktioniert über einen Riemenantrieb. Mehr dazu erfährst du auf Seite 58.

Zunächst baust du eine Riemenscheibe, die auf die Welle deines Elektromotors passt; die Bohrung sollte so klein sein, dass die Riemenscheibe fest auf der Welle sitzt. Die weitere Anordnung kannst du der Zeichnung entnehmen; auf die mit Gummiband bewegte Riemenscheibe 2 leimst du die Riemenscheibe 3. Hier wickelt sich die Zugschnur auf und ab. Die Brücke besteht aus Graupappe, die 1 cm vom linken Rand gefalzt wird. Das ist das Brückenscharnier. Es wird auf einem Holzklotz festgeklebt. In die rechte Brückenseite stichst du mittig ein Loch, um die Zugschnur festzuknoten. Das zweite Schnurende verknotest du an der Riemenscheibe 3 und fixierst den Knoten mit etwas Holzleim. So kann die Schnur beim Aufwickeln nicht durchdrehen. Um die Brücke hoch- und runterzulassen, musst du die Krokodilklemmen an der Batterie jeweils von + nach – umstöpseln.

Zum Schluss kannst du alles mit Pappen, Papierchen und bunten Klebebändern bekleben. Als Fluss eignen sich beispielsweise Haushaltstücher – blau und weiß gemustert.

MATERIAL

4 Holzklötze, Rundhölzchen
geborhte Holzräder (Hobbyladen)
runde Holzscheiben (Baumarkt)
Gummiband
Elektromotor, Blockbatterie 4,5 V
Graupappe, Schere, Schnur
2 Krokodilklemmen-Kabel
Schraubzwinge
Akkubohrer
Holzleim
zum Bekleben: Pappen, Papierchen,
Haushaltstücher u. Ä.

Motor

Schraubzwinge

Krokodilklemmen

+ −

4,5 V

1

3 2

Batterie

Brücke

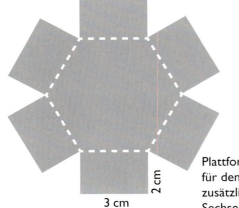

Plattform Tower,
für den Boden
zusätzlich das
Sechseck allein
ausschneiden

3 cm

2 cm

Querschnitt:
Befestigung LEDs

LED

Schaltkabel

Holz

STARTBAHN

MATERIAL

rotes und blaues Schaltkabel, Blockbatterie 4,5 V
2 Krokodilklemmen-Kabel, Lüsterklemme, ca. 20 LED-
Leuchten, 1–2 Sperrholzplatten, Holzleistenreste, Graupappe
bunte Papierchen, Alufolie, Wellpappe, Metallgewebereste
Akkubohrer, Sicherheitsnadel, Klebestift, Isolierband

Die Startbahn wird aus Graupappe auf die Sperrholzplatte
aufgeklebt und rechts wie links mit LEDs beleuchtet. Diese
werden parallel geschaltet und an eine Blockbatterie 4,5 V
angeschlossen. Den Aufbau erkennst du an der Zeichnung.
Trickreich ist die Verkabelung und gleichzeitige Befestigung
der LEDs: Rechts und links der Startbahn bohrst du in
gleichmäßigen Abständen 20-mal jeweils zwei kleine Löcher
durch die Sperrholzplatte hindurch. Über diese Löcherleis-
ten legst du die Schaltkabel aus. Entsprechend der Holzboh-
rungen stichst du mit der Sicherheitsnadel jeweils ein Loch
in das rote und daneben in das blaue Kabel. Durch diese
Löchlein führst du die LEDs, das lange „Bein" durch das rote
Kabel, das kürzere „Bein" durch das blaue Kabel (die Kupferlitzen von Rot und Blau dürfen sich nicht berühren).
Anschließend führst du beide LED-„Beine" durch die Holz-
löcher und biegst sie auf der Unterseite der Sperrholzplatte
jeweils nach außen um (sie dürfen sich nicht berühren!).
Kabel, LEDs und Holzplatte werden also auf einen Streich
miteinander verbunden. Die Flughafengebäude baust du aus
Resten, die Batterie verstaust du in einer kleinen „Halle".

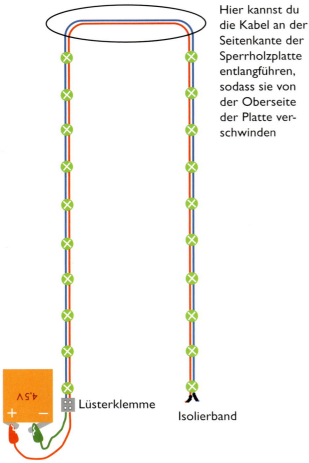

Hier kannst du
die Kabel an der
Seitenkante der
Sperrholzplatte
entlangführen,
sodass sie von
der Oberseite
der Platte ver-
schwinden

Lüsterklemme

Isolierband

4,5 V

+ −

198

RECYCLING

Das Wort Recycling kommt aus dem Englischen und bedeutet Wiederverwertung. Ziel ist es, Müll zu vermeiden oder wenigstens zu verringern. Am Anfang vom Recyceln steht also immer das Sammeln von so allerhand – zum Beispiel von Kartons und Pappen.

Kartonverpackungen gibt es in Knallebunt oder Braun-Grau, mit Deckel, Fenster oder ohne ... Auch die Oberflächen sind unterschiedlich: mal matt, mal glänzend. Auffällig schöne Schachteln findest du oft im Ausland, von deinen Urlaubsreisen kannst du jede Menge Kartons mitbringen. Zum Basteln eignet sich außerdem weiche Wellpappe, die gerne als Verpackungsmaterial verwendet wird.

KARTON

Zum Schneiden brauchst du eine normale Papierschere. Oder du verwendest einen Cutter. Mit dem Cutter kannst du kniffligere Formen freihand schneiden. Für gerade Linien fährst du mit dem Cutter dicht an einem Metalllineal entlang. Arbeite dabei auf einer Schneidematte aus Gummi oder lege einen dicken Karton unter, um die Tischoberfläche zu schützen.

Cutter

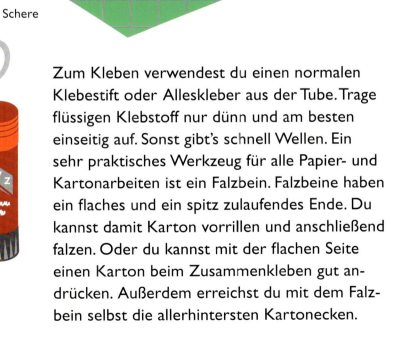

Schere

Falzbein

XYZ

ⒸZZZZZZ

Zum Kleben verwendest du einen normalen Klebestift oder Alleskleber aus der Tube. Trage flüssigen Klebstoff nur dünn und am besten einseitig auf. Sonst gibt's schnell Wellen. Ein sehr praktisches Werkzeug für alle Papier- und Kartonarbeiten ist ein Falzbein. Falzbeine haben ein flaches und ein spitz zulaufendes Ende. Du kannst damit Karton vorrillen und anschließend falzen. Oder du kannst mit der flachen Seite einen Karton beim Zusammenkleben gut andrücken. Außerdem erreichst du mit dem Falzbein selbst die allerhintersten Kartonecken.

MANN VOM MARS

MATERIAL

geprägte Pappe oder Wellpappe
Holzleisten, ca. 2 cm und 5 mm stark
Perlonschnur
Holzperlen
Holzscheiben
Holzleim
Klebstoff
Nadel
Schraubzwingen

Für diese Marionette brauchst du geprägte Pappe oder Wellpappe, wie sie zum Beispiel als Verpackungsmaterial für Bücher verwendet wird.

Du schneidest sehr lange Streifen mit einer Breite von 5 cm und 7 cm für die Beine, 5 cm und 4 cm für die Arme, 10 cm für den Körper und 7 cm für den Kopf. Dann rollst du die Streifen ganz eng auf. Auf diese Weise stellst du acht dünne Papprollen her für Arme und Beine sowie je eine dicke Rolle für Bauch und Kopf. Mit Perlonschnur verbindest du die einzelnen Körperteile. Du führst die Schnur (eventuell

mithilfe einer Nadel) durch das innere Loch der Rolle und machst jeweils große Knoten, damit die Schnur nicht durchrutscht.

Als Hände und Füße befestigst du Holzscheiben an den Unterarmen und Unterschenkeln. Das Gesicht gestaltest du, indem du Holzperlen als Augen, Nase und Mund aufklebst.

Anschließend knüpfst du Perlonschnüre an Ellenbogen, Knie und Rücken. In zwei dünne Holzleistenstücke bohrst du je ein Loch an jeder Seite. Dann stellst du das Holzkreuz her. Du klebst die beiden dünnen Leisten mit Holzleim auf die dicke Leiste und hältst sie mit Schraubzwingen in Position, bis der Holzleim ganz getrocknet ist. Zum Schluss knotest du die Perlonschnüre am Holzkreuz an. Die Marionette sollte in entspannter Haltung mit hängenden Armen stehen, wenn du das Holzkreuz waagerecht hältst.

TANKE

MATERIAL
Schuhkarton
2 Streichholzschachteln
steife Kunststofffolie
buntes Klebeband
Gummischnur (Scoubidouband oder Ähnliches)
Klebstoff
Schere
Cutter, Falzbein
Schneideunterlage
Farbe und Pinsel

Die Tankstelle besteht aus einem großen (Herren-)Schuhkarton, aus dem du Podest, Dach, das Haus und die Grundfläche für die Zapfsäulen zuschneidest. Aus dem Haus schneidest du Türen und Fenster aus und hinterklebst die Öffnung mit steifer Folie.

Dann malst du alle Einzelteile an und klebst sie nach dem Trocknen zusammen.

Die Zapfsäulen bestehen aus leicht auseinandergezogenen Streichholzschachteln, die Tankschläuche aus farbiger Gummischnur.

206

PARKHAUS

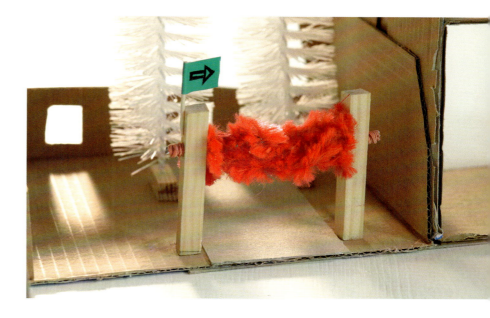

MATERIAL

Kartons (z. B. Schuhkartons, Bananenkisten,
Flaschenkartons etc.)
Graupappenreste, Klebstoff
2 Flaschenbürsten
Pfeifenputzer (oder Fahrrad-Nabenputzer)
Holzleistenreste, Draht, Paketband
Gummibänder, Handbohrer, Falzbein
Blechschere, Cutter, Schneideunterlage
Lineal, Bleistift

Die Kartons schneidest du in der gewünschten
Größe zu und klebst sie an- und aufeinander.
Vor dir steht das Grundgerüst für dein Park-
haus.
Die Rampen schneidest du aus Kartonresten
oder Graupappen zu. Die Leitplanken entstehen
so: Rechts und links markierst du jeweils einen
1 cm breiten Streifen, rillst ihn mit dem Falzbein
vor (ein spitzer Bleistift tut's auch) und klappst
sie hoch. Außerdem rillst du die Rampenab-
schnitte, die bei deiner Konstruktion abgeknickt
werden müssen, einmal quer über die Fahrbahn.
An diesen Stellen schneidest du die Leitplanken
ein und schließt die Übergänge mit Paketband.

Auf dem großen Foto erkennst du das zum
Beispiel bei der Rampe ganz links, sowohl oben
als auch unten.
Für die Waschstraße kneifst du die überflüs-
sigen Griffe von den Flaschenbürsten ab, sodass noch ein bisschen Draht übersteht. Dann
bohrst du Löcher in zwei Holzleisten und
steckst die Flaschenputzer hinein. Die Holzleisten klebst du mit einem Abstand von ein paar
Zentimetern auf.
Den Pfeifenputzer wickelst du um ein Stück
Draht. In zwei etwas höhere Holzleisten bohrst
du wiederum zwei Löcher und befestigst hier
den Draht samt Pfeifenputzer. Auch diese
Holzleisten klebst du fest. Um die Drahtenden
wickelst du rechts und links Gummibänder. So
können sie nicht aus der Halterung rutschen.

RECYCLING

Beim Transport empfindlicher Gegenstände (zum Beispiel elektrischer Geräte) werden oft Schaumstoffblöcke in bunten Farben als Verpackungsmaterial verwendet. Oder Styroporchips und Luftpolsterfolie. Die Folie gibt es durchsichtig-hell oder auch in bunten Farben. Dann hat sie meist dickere Luftblasen, die noch lauter knallen als die kleinen, wenn du sie zerdrückst. Du siehst: Bevor du loslegen kannst, ist auch hier erst einmal deine Sammelleidenschaft gefragt.

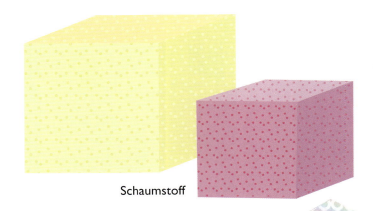

Schaumstoff

Styroporchips

Luftpolsterfolie

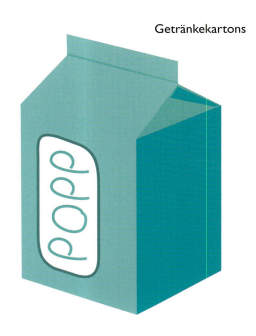

Getränkekartons

Getränkekartons sind Kartons mit einer besonderen Beschichtung, sodass sie nicht durchweichen. Sie wurden Mitte des letzten Jahrhunderts für Milch entwickelt. Heute werden sie für vielerlei verwendet: für Säfte, passierte Tomaten oder Wein. Sammle besonders bunte Exemplare für deine Bastelarbeiten. Du kannst die Kartons mit Schere und Cutter schneiden.

PLASTIK...

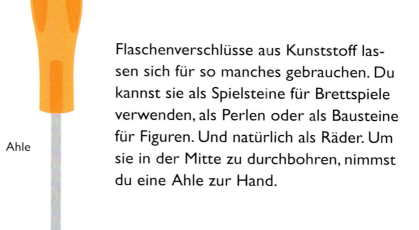

Ahle

Flaschenverschlüsse aus Kunststoff lassen sich für so manches gebrauchen. Du
kannst sie als Spielsteine für Brettspiele
verwenden, als Perlen oder als Bausteine
für Figuren. Und natürlich als Räder. Um
sie in der Mitte zu durchbohren, nimmst
du eine Ahle zur Hand.

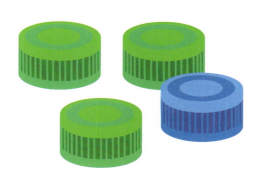

Flaschendeckel

ERBSENPISTOLE

MATERIAL
Holzleiste
Kunststoffrohr
Gummihandschuh
Isolierband
Schelle
Akkubohrer
getrocknete Erbsen als Munition

In die Holzleiste bohrst du ein Loch mit einem Durchmesser, der dem des Kunststoffrohrs entspricht. Du schiebst das Rohr hinein. Es soll fest sitzen. Dann ziehst du einen abgeschnittenen Finger des Gummihandschuhs über ein Rohrende. Du umklebst ihn fest mit Isolierband. Mit einer Schelle sorgst du zusätzlich für Stabilität.

Du lädst deine Pistole mit getrockneten Erbsen, die du in den Lauf der Pistole hineinschiebst. Wenn du am Gummifinger ziehst und plötzlich loslässt, werden die Erbsen weit hinausgeschleudert.

Achte darauf, dass du freie Schussbahn hast, wenn du die Pistole ausprobierst, damit du niemanden verletzt.

Erbsenpistole ▶
Max und Fritz, 12 und 13 Jahre

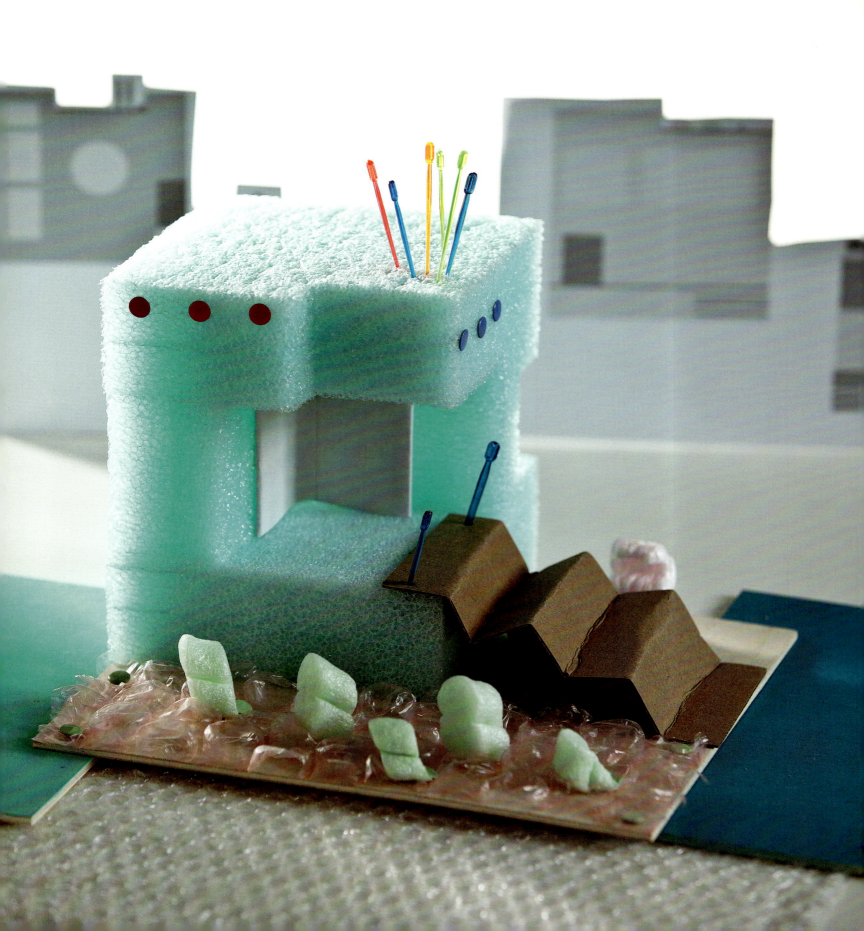

ROHBAU

MATERIAL
Verpackungsmaterialien:
Schaumstoffwürfel, Styroporflocken ...
Pappe
Klebstoff
bunte Küchenspieße

Vor allem in Transportkisten für empfindliche Elektrogeräte findest du allerhand Verpackungsmaterialien in bunten Farben und lustigen Formen. Sammle verschiedene Materialien und schaue, was du siehst: Autos, Fabriken, Wälder, Maschinen, Häuser?

Was immer du erkennst, setze es um: Mit etwas Klebstoff, Pappe und beispielsweise bunten Küchenspießen entsteht aus einem Schaumstoffwürfel ein moderner Bungalow – mit High-Tech-Antenne.

◀ Schnelle Hütte
Hugo, 7 Jahre

RECYCLING
PLASTIK...

TÄNZER

MATERIAL
Schraubverschlüsse
fester Draht
Zange
Ahle

Den Tänzer kannst du im Handumdrehen zusammenstecken. Allerdings musst du vorher eine Weile Schraubverschlüsse aus Kunststoff sammeln. Für Beine und Arme bohrst du mit der Ahle jeweils ein mittiges Loch in die Verschlüsse, für den Körper zwei Löcher, für den Halsansatz drei Löcher. Dann fädelst du erst die Beine auf, führst beide Drahtstränge durch die Körper-Schraubverschlüsse und fädelst die Arme wieder einzeln auf. Den Kopf befestigst du am Halsansatz, also am obersten Körper-Schraubverschluss.

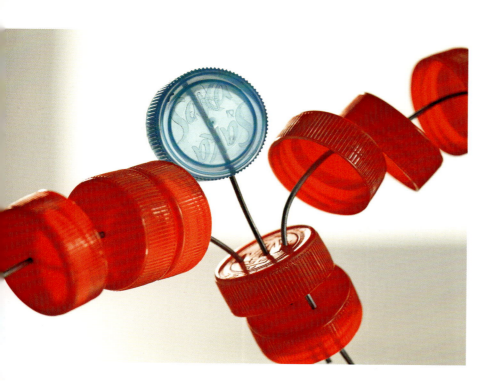

216

WOCHENMARKT

MATERIAL
kleine Getränkekartons
Flaschenverschlüsse
Zahnstocher
Rundhölzchen
Plastiktüte
Pappe, Stifte, bunte Papierchen
Klebstoff
Gewebeband
Cutter, Ahle
Schneideunterlage

Die leeren Getränkekartons werden erst einmal ausgespült. Dann schneidest du mit dem Cutter rechteckige Fenster aus. Dabei schneidest du nur zwei kurze und eine lange Seite aus, sodass sich die Rechtecke hochklappen lassen. Jetzt spülst du die Getränkekartons noch einmal gründlich aus und trocknest sie außen wie innen ab.
Die Fensterausschnitte umklebst du mit Gewebeband und stützt sie mit Zahnstochern ab. Du kannst außerdem Girlanden aus Plastiktüten ankleben.

Für die Räder bohrst du in vier Flaschenverschlüsse mit der Ahle ein Loch. Dann bohrst du in die Unterkante der Getränkekartons rechts und links jeweils zwei gegenüberliegende Löcher, also vier Löcher pro Karton. Hier schiebst du die Rundhölzer als Radachsen hindurch und steckst die Räder auf.
Für die Marktschreier schneidest du aus Graupappe Figuren zu, die du mit bunten Papierchen beklebst oder bemalst.

RECYCLING

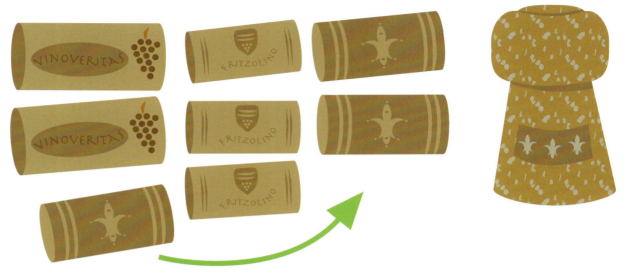

Weinkorken werden aus der Rinde der im Mittelmeerraum wachsenden Korkeiche hergestellt. Korken sind also ein echtes Naturmaterial. Da sie leicht sind, schwimmen sie sehr gut. Und sie saugen sich nicht voll. So eignen sich Korken für den Bootsbau ausgezeichnet. Neben Weinkorken gibt es Sekt- oder Champagnerkorken, die größer sind und eine andere Form haben. Auch Weinkorken sind nicht alle gleich groß, du findest dickere und dünnere. Bevor du loslegst, sortierst du sie am besten.

Übrigens: Korken lassen sich auch industriell recyceln. Dafür werden sie stark zerkleinert und unter anderem im Baugewerbe zur Wärmedämmung eingesetzt.

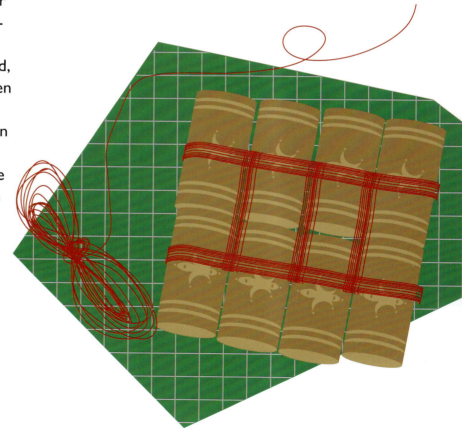

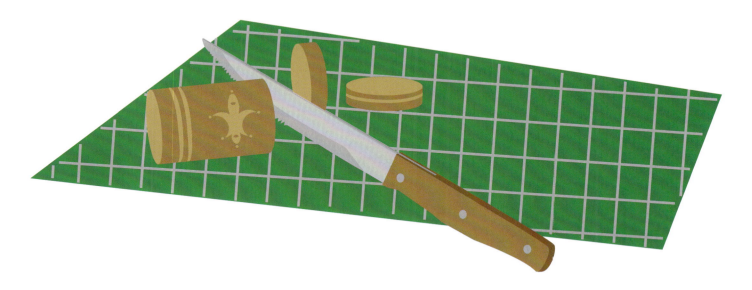

Korken lassen sich zu einer Fläche verbinden: Du legst gleich große Korken nebeneinander aus und fixierst sie mit ein bisschen Leim an den Seiten. Soll das Ganze eine schwimmende Plattform ergeben, verwendest du wasserfesten Leim. Dann verschnürst du die Korken mit einer ausreichend langen Schnur in gleichmäßigen Wicklungen – kreuz und quer. Damit die Wicklungen nicht abrutschen, kannst du die Korken vorher leicht einkerben.

Je nachdem, was du bauen möchtest, müssen die Korken zerschnitten werden. Am besten verwendest du hierfür ein altes Küchenmesser mit Sägeschneide. Dann rutschen dir die Korken nicht so leicht weg. Arbeite auf einer Schneidematte oder einem festen Pappkarton, um den Tisch zu schonen.

LUCIA-BOOT

MATERIAL
8 Korken
Draht
Sperrholz, ca. 6 x 8 cm
4 Holzstäbchen
Schnur
Draht
Feinsäge
Stoff
Garn, Nadel
wasserfester Holzleim

Auf einem der Seen Norditaliens gibt es einen alten Bootstyp, der „Lucia" heißt. Typisch für die Boote ist das halbrunde Dach, das mit einer Plane bespannt wird, um alle Passagiere vor Sonne, Regen, Wind und Wetter zu schützen.

Die acht Korken legst du in zwei Reihen aus und fixierst sie mit etwas Leim. Dann umwickelst du das Ganze mit einer langen Schnur, die du kreuzweise hin und herführst. Das passend zugesägte Holzplättchen leimst du auf die Korken und befestigst es zusätzlich mit festgezurrtem Draht. Für die Drahtführung kannst du kleine Kerben ins Holz sägen.

Dann formst du aus Draht das Dach sowie die Reling, vier in die Korken gesteckte Holzstäbchen helfen dir dabei. Jetzt fehlt nur noch die Bespannung aus Stoff, den du am Drahtgerüst mit ein paar Stichen festnähst.

◀ Lucia
Johannes, 14 Jahre

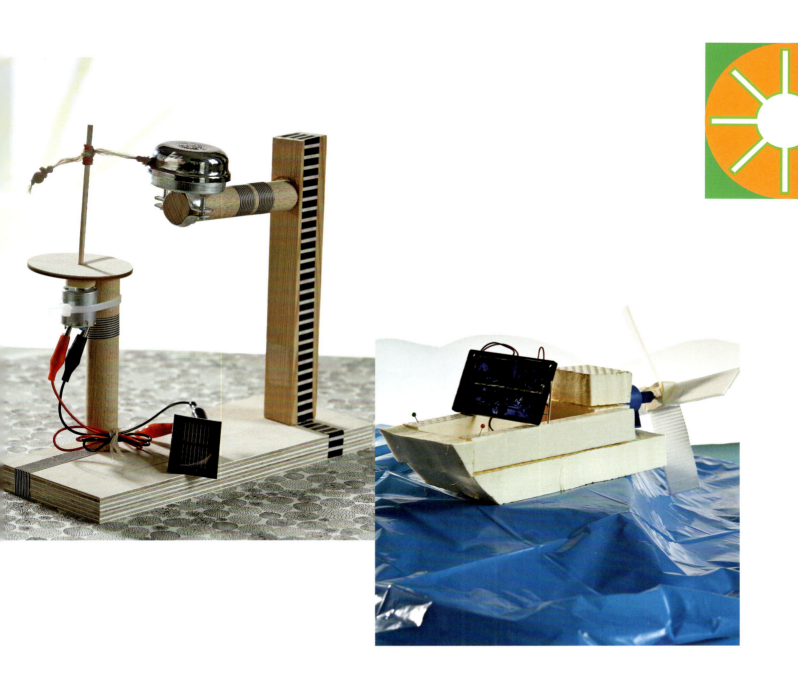

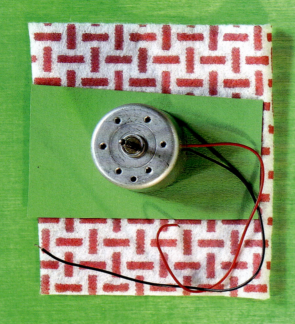

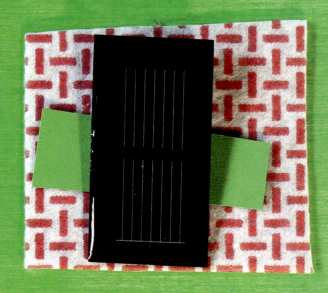

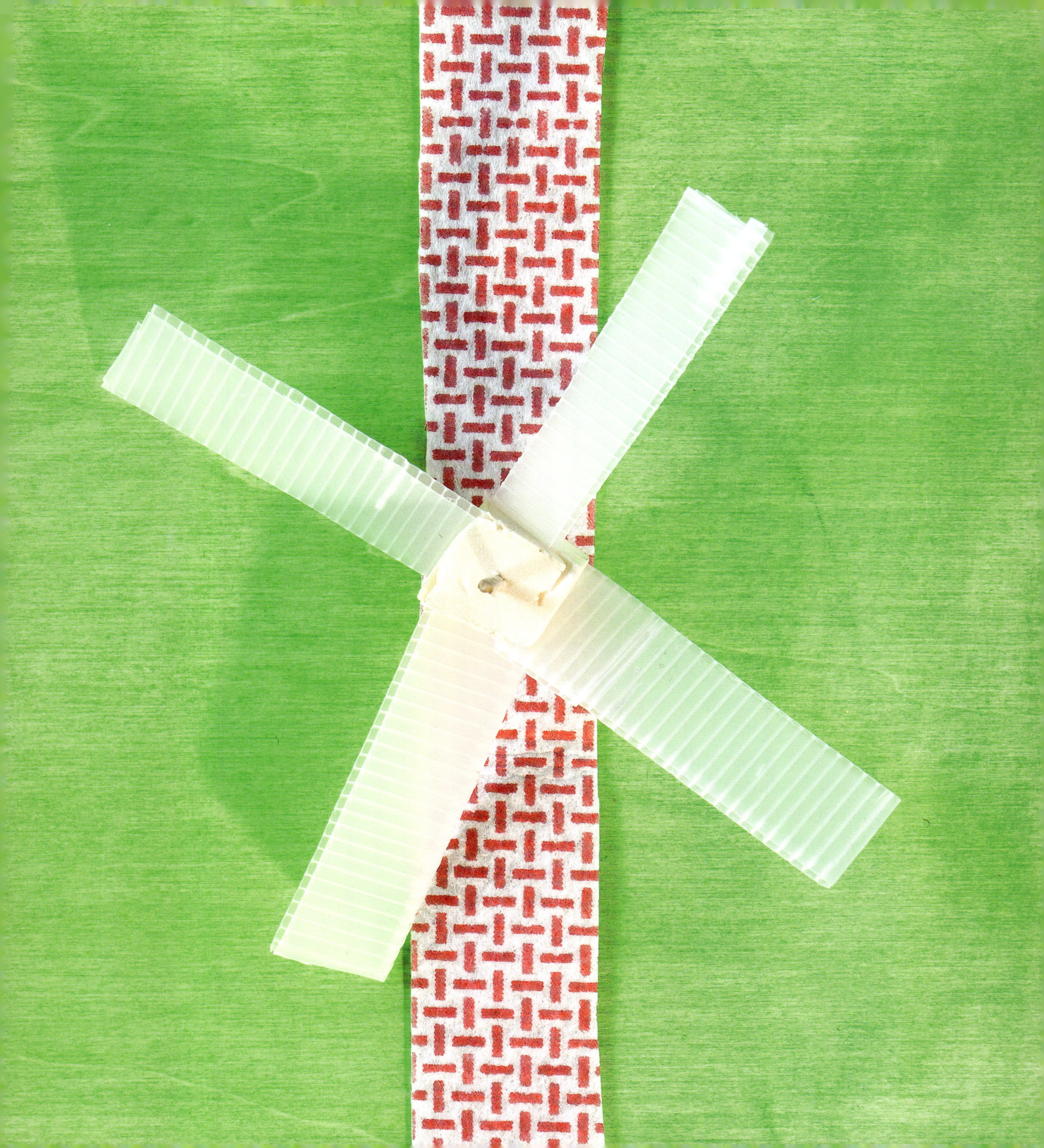

GRÜNE TECHNIK

Zu den erneuerbaren Energien zählen in erster Linie
Wasserkraft, Sonnenenergie und Erdwärme.

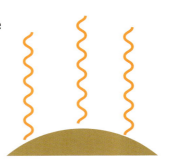

Auch Biomasse ist eine wichtige Quelle für erneuerbare Energien:
Nachwachsende Rohstoffe wie Holz oder sogenannte Energie-
pflanzen wie beispielsweise Mais und Raps werden eingesetzt, um
Strom, Wärme oder Biokraftstoffe (Biodiesel etc.) zu erzeugen.
Allerdings bereitet die verstärkte Anpflanzung von Energiepflanzen
Probleme. Denn dadurch steht weniger Fläche für den Anbau von
Nahrungsmitteln zur Verfügung.

In diesem Kapitel findest du Modelle, die
sich die Kraft von Wind und Sonne zunutze
machen.
Wind ist nichts anderes als schnell (oder
weniger schnell) bewegte Luft. Stößt der
Luftstrom auf einen Widerstand, entsteht
Druck. Windkraftanlagen wandeln die Be-
wegungsenergie des Windes in elektrische
Energie um.
Die Kraft des Windes lässt sich auch für
rein mechanische Abläufe, so zum Beispiel
bei traditionellen Windmühlen oder bei der
Sturmmaschine auf Seite 236, einsetzen.

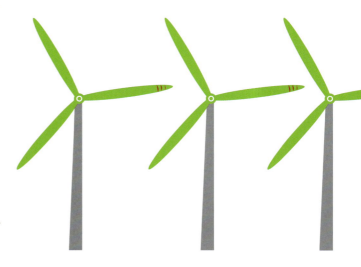

Die Sonne ist der größte Energiespeicher unseres Planetensystems. Außen hat sie eine Temperatur von etwa 6000 °C, im Inneren beträgt die Temperatur 15 Millionen °C. Zum Vergleich: In der Wüste steigt die Temperatur tagsüber auf etwa 60 °C.

Sonnenstrahlung lässt sich unter anderem in elektrische Energie umwandeln. Das nennt man Photovoltaik (von dem griechischen Wort „phos" für Licht und der Spannungseinheit Volt für Strom). Mithilfe von Solarzellen werden die Photonen (Lichtteilchen) in Elektronen umgewandelt, Licht wird also zu Strom. Solarzellen, die zu größeren Modulen zusammengefasst werden, bestehen in erster Linie aus Silizium.

Kleine Solarmodule bekommst du im Elektro- oder Modellbaufachhandel oder findest sie als Bestandteile von Bausets. Dazu gibt es passende Motoren, die sich durch Solarenergie betreiben lassen.

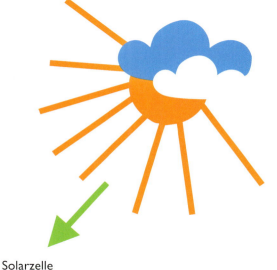

Beim Werken mit Solartechnik gibt es folgende Punkte zu beachten:
• Solarmodule sind recht empfindlich und müssen entsprechend sorgfältig behandelt werden.
• Meistens brauchst du gleißendes Sonnenlicht, um Energie erzeugen zu können. Lampen mit künstlichem Licht reichen oft nicht.
• Manche solarbetriebene Spielzeugmotoren musst du erst von Hand andrehen, damit sie starten.
Ansonsten gelten hier viele der Grundprinzipien, die du im Elektro-Kapitel ab Seite 178 findest.

Solarzelle

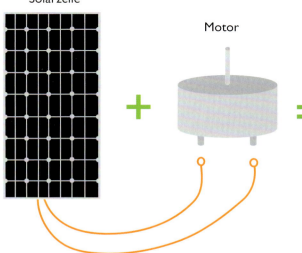

Motor

Bewegung

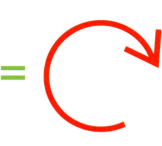

Der große Unterschied? Statt einer Batterie benutzt du eine Solarzelle …

STRANDSEGLER

MATERIAL

Bambusstab, Holzleisten, Holzbrett, Kunststoffstab, Seidenpapier, 2 Räder aus dem Modellbau, Sektkorken, Fahrradschlauch, Nägel, Garnrest, Messer, Feinsäge, Schere, Hammer, Heißkleber

Für den Strandsegler brauchst du zwei Bambusstäbe oder Leisten, die du mit einem Nagel zum Kreuz verbindest. Die seitlichen Räder befestigst du mit Nägeln an den Enden der Querleiste. Für das dritte Rad leimst du ein Stück Holz an das Leistenende. Dieses trägt die Radachse (einen Nagel) des hinteren Rädchens. Du kannst dir dieses Rad auch selber bauen aus dem breiten Stück eines Sektkorkens, um das du ein Stück Fahrradschlauch legst.

Als Mast verwendest du den Kunststoffstab, den du auf einem Holzbrettchen festklebst. Anschließend klebst du das Brett auf die Längsachse des Kreuzes. Eine Diagonalstrebe sorgt für zusätzliche Stabilität.

Das dreieckige Segel schneidest du aus Seidenpapier aus und klebst es am Mast fest. An der Unterseite schlägst du den Rand einmal um und befestigst ihn mit Klebstoff. Du bringst ein Stück Garn am Segel an, mit dem du das Segel je nach Windrichtung ausrichten und in der gewünschten Stellung halten kannst.

Strandsegler ▶
Max und Fritz, 12 und 13 Jahre

230

Der Ballon hebt ab, weil sich das spezifische Gewicht der einge-
schlossenen Luft durch Erwärmen verringert und der Ballon so-
mit leichter ist als Luft. Als Brennstoff eignen sich Grillanzünder
in fester Form, die gibt es auch aus nachwachsenden Rohstoffen.

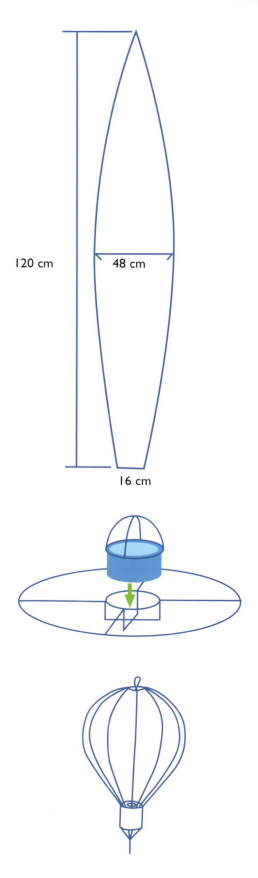

120 cm   48 cm

16 cm

HEISSLUFTBALLON

MATERIAL

Seidenpapier, Bindedraht, Grillanzünder, kleine Aludose (zum Beispiel von einem Teelicht), Schnur, Klebstoff, Schere

Die Vorlage für das Ballonteil überträgst du in Originalgröße auf Papier. Du schneidest sie aus und überträgst sie sechsmal auf das Seidenpapier. Dann klebst du den Ballon zusammen. Die Ballonteile sollen sich an den Seiten ungefähr 1 cm breit überlappen. Du musst darauf achten, dass keine Spalten oder Löcher bleiben, durch die Luft entweichen könnte.

In den Dosenrand machst du vier einander gegenüberliegende Löcher und befestigst darin Drähte aus dünnem Bindedraht. Dann biegst du einen Drahtring in der Größe der Blechdose und einen zweiten Ring mit einem Durchmesser von ca. 32 cm. Du verbindest beide Ringe durch vier dünne Drähte und hängst die Dose in den inneren Ring ein (siehe Zeichnung). Dann machst du an der unteren Ballonöffnung mit der Schere kleine Einschnitte und klebst

die entstandenen Laschen rings um den größeren Ring. Damit die Heizflamme vor Luftzug geschützt ist, verlängerst du die Ballonöffnung nach unten, indem du einen Streifen Seidenpapier als Röhre unter den äußeren Ring klebst und die Röhre durch einen dritten Ring in derselben Größe unten versteifst. Auf die Ballonspitze klebst du eine Seidenpapierscheibe mit einer Lasche, an der du den Ballon halten kannst.

Am unteren Drahtring befestigst du eine leichte Schnur, die du festhalten kannst, damit sich dein Ballon beim Aufsteigen nicht aus dem Staub macht. Als Brennmaterial dienen Grillanzünder. Am besten lasst ihr den Ballon zu zweit steigen: Einer hält ihn hoch, einer entzündet die Grillanzünder in der Aludose. Dann wird sich der Ballon aufblähen und nach dem Loslassen emporschweben.

! Wenn du den Ballon steigen lässt, muss es völlig windstill sein. Kommt während des Aufstiegs Wind auf, gerät der Ballon schnell in Schräglage und kann Feuer fangen.

◄ Ballon
Max, 12 Jahre

GRÜNE TECHNIK

SONNENWECKER

MATERIAL

Solarzelle, Solarmotor
Sperrholzplatte, Holzleistenreste
Rundhölzchen, große runde Holzscheibe
kleine runde Holzscheibe
Kabelbinder, 2 Krokodilklemmen-Kabel
Fahrradklingel, Schnur, 2 Holzperlen
Gummibänder, Akkubohrer, Holzleim

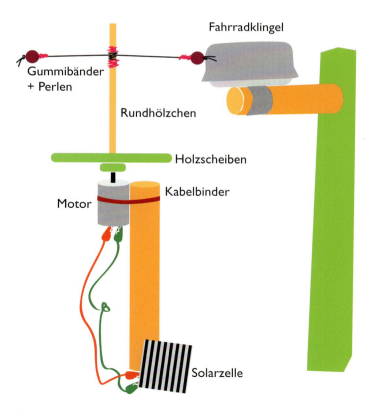

Gummibänder + Perlen

Fahrradklingel

Rundhölzchen

Holzscheiben

Motor

Kabelbinder

Solarzelle

Dieser Wecker löst Alarm aus, wenn die Sonne auf das Solarpanel fällt: Der Motor springt an, die darauf montierte Holzscheibe samt Rundhölzchen dreht sich, die darumgeknotete Schnur mit den Perlen-Enden ebenfalls. Das Ergebnis? Die Perlen sausen an der Fahrradklingel vorbei und sorgen für lautes Gebimmel.
Die Zeichnung zeigt dir den Aufbau. Die Holzleisten werden auf die Grundplatte geleimt, den Motor schnallst du mit einem Kabelbinder fest. In die kleinere Holzscheibe bohrst du ein Loch, sodass du sie fest auf die Motorwelle stecken kannst. Dann bohrst du in die größere Holzscheibe ein Loch, in das du das Rundhölzchen einleimst. Die größere Holzscheibe leimst du auf die kleinere. Jetzt fehlt nur noch die Klingelschnur. Die knotest du mittig um das Rundhölzchen, an die Enden knotest du rechts und links je eine Perle. Die Perlen fixierst du außerdem mit Gummibändern, sodass sie bei der Rotation nicht verrutschen können. Ebenso fixierst du den Knoten am Rundhölzchen zusätzlich mit einem Gummiband. Die Fahrradklingel montierst du auf einer benachbarten Leiste im entsprechenden Abstand.

TIPP

Verwende einen Solarmotor,
den du nicht erst andrehen musst.

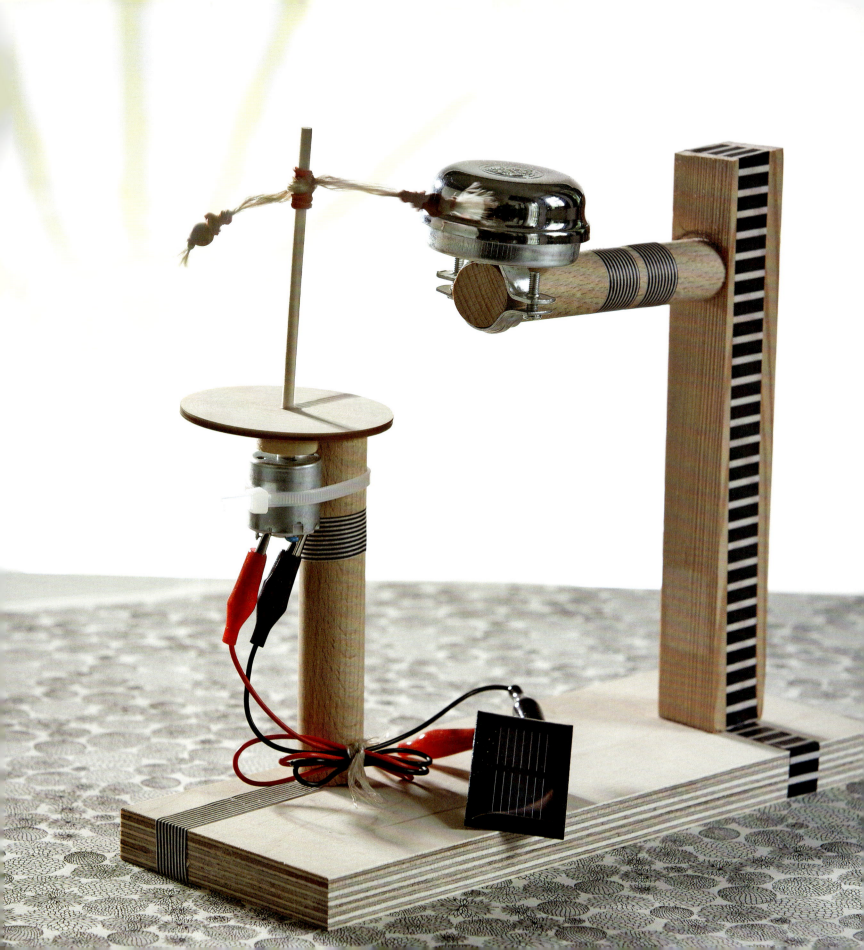

STURMMASCHINE

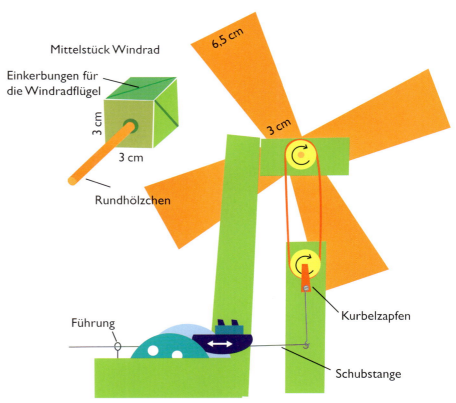

Mittelstück Windrad

Einkerbungen für die Windradflügel

3 cm

3 cm

3 cm

6,5 cm

3 cm

Rundhölzchen

Führung

Kurbelzapfen

Schubstange

MATERIAL
Sperrholzplatte, Holzleistenreste
2 Rundhölzchen
4 Holzscheiben (Baumarkt)
feste Pappe, bunte Papierchen, Folie
dicker Draht, Gummiband
Schrauböse, Akkubohrer
Feinsäge, Holzleim

Das Prinzip kennst du schon von Seite 58:
einen Riemenantrieb mit Kurbelschubstange.
Das Ganze wird durch ein Windrad ange-
trieben. Den Aufbau der Sturmmaschine zeigt
dir die Zeichnung. Die Holzleisten werden
jeweils auf die Grundplatte geleimt.
Die Windradflügel schneidest du der Zeichnung
entsprechend zu, für das Mittelstück brauchst
du einen Würfel mit einer Seitenlänge von 3 cm.
Hier bohrst du mittig ein Loch und sägst in
die vier Seitenflächen diagonale Kerben ein. In
die Kerben steckst du die Flügel und leimst sie
fest. In die mittige Bohrung leimst du ein Rundhölzchen. Das ist die Antriebswelle. Aus den
Holzscheiben leimst du zwei Riemenscheiben
wie auf Seite 58 beschrieben zusammen. Dann
montierst du Windrad, Antriebswelle, Riemen-

scheiben und Schubantrieb wie abgebildet.
Auf die Schubstange klebst du ein Boot aus
Pappe und bunten Papieren. Wenn du möchtest,
kannst du in die Holzleiste mit Schraubösen-
Führung noch zwei Kerben sägen, in die du
Halbkreise aus Folie steckst. Das sind die Wel-
len, in denen das Boot hin- und herschwankt.

TIPP

Alles was du über den Schubantrieb betreiben möchtest, sollte möglichst leicht
sein. Sonst brauchst du allzu starken Wind.

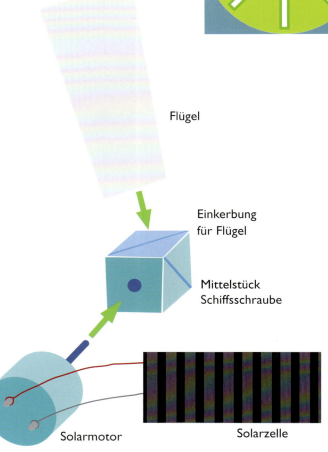

Flügel

Einkerbung
für Flügel

Mittelstück
Schiffsschraube

Solarmotor

Solarzelle

FRACHTER

MATERIAL
Styrodurplatte
Solarmotor mit Solarzelle
steife Kunststofffolie (z. B. Stegplatte)
Zahnstocher, Cutter, Schneideunterlage
Styroporklebstoff

Aus Styrodurstücken baust du einen Frachter zusammen. Das Grundprinzip entspricht den Hausbooten von Seite 176, für größere Haltbarkeit klebst du die Einzelteile aneinander. Bedenke bei der Planung, dass die Solarzelle bequem am Deck untergebracht werden soll. Zahnstocher können als Stütze dienen.

Die Schiffsschraube ist ähnlich aufgebaut wie das Windrad von Seite 236, das Mittelstück besteht aus einem Styrodurwürfel. Die Schraubenflügel schneidest du aus steifer Kunststofffolie zu und klebst sie in das Mittelstück ein. Ihre Größe passt du der Größe deines Frachters an.

Die Welle des Solarmotors klebst du in das Mittelstück der Schiffsschraube und verbindest ihn mit der Solarzelle. Den Grundaufbau zeigt dir die Zeichnung.

Frachter ▶
Jasper, 11 Jahre

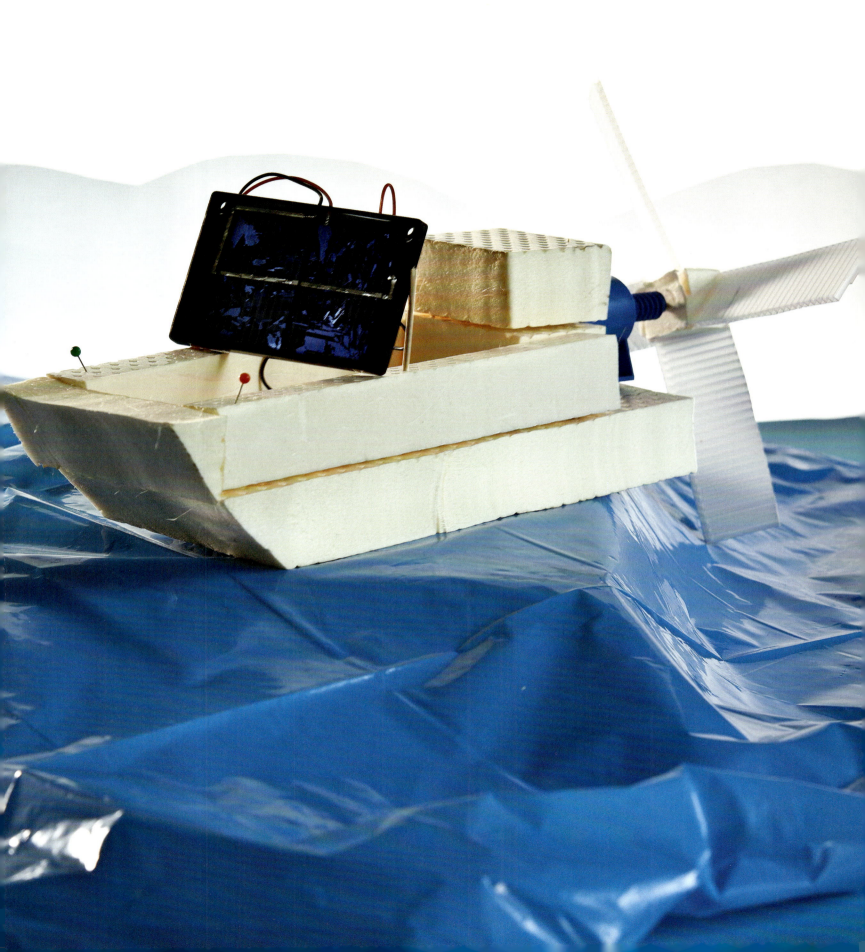

REGISTER